OS CUSTOS SOCIAIS DO
AJUSTE
NEOLIBERAL
na América Latina

EDITORA AFILIADA

Coleção
QUESTÕES DA NOSSA ÉPOCA
Volume 78

Dados Internacionais de Catalogação na Publicação (CIP)
(Câmara Brasileira do Livro, SP, Brasil)

Soares, Laura Tavares.
  Os custos sociais do ajuste neoliberal na América Latina / Laura Tavares Soares – 3. ed – São Paulo, Cortez, 2009. – (Coleção Questões da Nossa Época; v. 78)

  Bibliografia.
  ISBN 978-85-249-0759-3

  1. América Latina – Condições econômicas 2. América Latina – Condições sociais I. Título. II. Série.

00-4285   CDD-330.122098

Índices para catálogo sistemático:

1. América Latina : Ajuste neoliberal :
        Economia 330.122098

Laura Tavares Soares

OS CUSTOS SOCIAIS DO AJUSTE NEOLIBERAL na América Latina

3ª edição

OS CUSTOS SOCIAIS DO AJUSTE NEOLIBERAL NA AMÉRICA LATINA
Laura Tavares Soares

Capa: DAC
Preparação de originais: Carmen Tereza da Costa
Revisão: Maria de Lourdes de Almeida
Composição: Dany Editora Ltda.
Coordenação editorial: Danilo A. Q. Morales

Nenhuma parte desta obra pode ser reproduzida ou duplicada sem autorização expressa da autora e do editor.

© 2000 by Autora

Direitos para esta edição
CORTEZ EDITORA
Rua Monte Alegre, 1074 – Perdizes
05014-001 – São Paulo – SP
Tel.: (11) 3864-0111   Fax: (11) 3864-4290
E-mail: cortez@cortezeditora.com.br
www.cortezeditora.com.br

Impresso no Brasil – abril de 2009

SUMÁRIO

Apresentação 7

I. O que é o ajuste neoliberal 11

II. O ajuste na América Latina: o contexto 23

III. O ajuste no Brasil: a entrada retardatária 35

IV. O impacto do ajuste sobre a desigualdade social e a pobreza: o agravamento de velhos problemas e o surgimento de novas exclusões sociais 46

V. O impacto do ajuste sobre a política social: o desmonte e as propostas de "reforma" 71

VI. Modernização ou retrocesso: um debate sobre as alternativas de enfrentamento da questão social 90

Notas 108

Bibliografia 115

APRESENTAÇÃO

Este livro tem sua origem em pesquisa comparada entre países latino-americanos que passaram pela experiência do ajuste econômico de corte neoliberal, com o objetivo de apontar as conseqüências desse ajuste — sobretudo as sociais — e os riscos dessa opção para um país como o Brasil.

No início da pesquisa, nos idos de 1992, alguns resultados do processo de destruição iniciado pelo governo Collor já eram visíveis: desorganização da economia, desemprego e desmonte do aparato estatal, sobretudo na área social. Em 1995, o Plano Real se encontrava no auge e as conseqüências sociais de um processo de ajuste em curso desde o início dos anos 90 estavam atenuadas. Naquele momento, ao ser defendida tese de doutorado* que encerrava uma etapa da pesquisa, suas principais conclusões — que o ajuste neoliberal na América Latina era o responsável por um desajuste social e que, ao mesmo tempo, esse ajuste era incompatível com a construção de uma Política Social justa e universal — foram criticadas como "pessimistas e catastrofistas" por aqueles que apostavam na opção FHC como a única saída para o país.

Neste momento, ao recuperarmos de forma sintética as principais idéias desse trabalho neste livro, o Brasil vive de forma aguda as conseqüências de uma opção política que levou — mesmo que tardiamente, quando comparado à maioria dos países latino-americanos — à implementação de um ajuste de tipo neoliberal, em todas as suas dimensões econômicas e sociais. Infelizmente para o povo que sofre o peso dessas conseqüências, suas proporções ultrapassam os prognósticos considerados mais pessimistas.

Este, portanto, não é mais um livro sobre a "globalização" — tema da moda — escrito em cima dos acontecimentos ou *a posteriori*. Trata-se do resultado de um trabalho permanente de pesquisa — sempre mantendo seu caráter comparativo com outros países latino-americanos. É justamente o intercâmbio com as experiências desses países que tem permitido refletir sobre as nossas possibilidades — como brasileiros e latino-americanos — de construção de alternativas *não neoliberais*. A expectativa é de que as reflexões aqui expostas, certamente não conclusivas, sirvam como material de trabalho e debate para professores, alunos e militantes da área social que ainda persistem na luta contra o neoliberalismo, mesmo quando travestido com outras nomenclaturas e roupagens.

O primeiro capítulo do livro trata de recuperar histórica e conceitualmente o Ajuste Neoliberal, com suas principais características e proposições no âmbito econômico, social e político. Também analisa suas transformações, tratando de apontar as contradições daquilo que vem sendo chamado de *"ajuste do ajuste"* ou *"o ajuste com rosto humano"*, criticando posições e declarações dos organismos multilaterais de financiamento a esse respeito.

O segundo capítulo sintetiza o histórico e as principais características do processo de implantação do ajuste na América Latina, chamando a atenção para a relevância dos diferentes contextos de implantação, ao mesmo tempo em que destaca a semelhança e a repetição sistemática do "receituário" nos campos econômico e social.

O terceiro capítulo recupera a historicidade e as especificidades da entrada "tardia" do Brasil no ajuste (*vis-à-vis* os demais países da América Latina), apontando suas principais características e propostas econômicas e sociais, destacando seu potencial destrutivo.

O quarto capítulo aponta para o agravamento das condições sociais de amplos setores da população latino-americana, situando o Brasil nesse contexto. Ao mesmo tempo, evidencia a maneira pela qual o ajuste vem excluindo setores sociais antes incorporados ao mercado de trabalho e a alguns circuitos de cidadania e proteção social, apontando e criticando suas graves conseqüências. O mais importante a ser destacado nesse capítulo é a dimensão e a complexidade da chamada "questão social" na América Latina resultante desses anos de ajuste.

Diante da complexidade da questão social anunciada no capítulo anterior, o quinto capítulo discute a impossibilidade de resolução dos atuais problemas sociais latino-americanos (com destaque para os brasileiros) da forma como o próprio receituário neoliberal vem propondo, com menos Estado e com "ações focalizadas sobre a pobreza". Aqui se apresenta e se discute o impacto das principais propostas de reforma do Estado no âmbito das Políticas Sociais (com destaque para as reformas da Seguridade Social) e se critica os chamados "Programas de Combate à Pobreza" latino-americanos, demonstrando a sua total inefetividade e ineficácia.

Finalmente, o sexto e último capítulo pretende ser o capítulo de debate sobre as "alternativas", enfrentando a "crítica" de que a esquerda não teria uma "proposta". Em primeiro lugar, questiona-se aquilo que vem sendo chamado de "alternativa" e as suas limitações como propostas efetivamente resolutivas ou capazes de enfrentar a questão social latino-americana. E, finalmente, se apresenta e se propõe o que se considera como essencial no desenho de uma *proposta de esquerda*, diferenciando-a das "alternativas" da chamada "3ª Via" ou como mais recentemente se autodenominou de "governança progressista", desmascarando a impossibilidade de se "autonomizar" soluções para os problemas sociais sem enfrentar as questões mais estruturais e, sobretudo, sem alterar em nada a política econômica neoliberal geradora, ela mesma, da impossibilidade de construção de uma autêntica alternativa de desenvolvimento com justiça social.

I
O QUE É O AJUSTE NEOLIBERAL

Quarenta anos depois da primeira grande crise do capitalismo no século XX, os países industrializados experimentam uma segunda crise, que se prolonga pela década de 80, cujas conseqüências em termos de desequilíbrios macroeconômicos, financeiros e de produtividade se espalham pela economia internacional.

A crise financeira e do comércio internacional e a inflação crônica associada ao baixo crescimento econômico (dando origem a um novo fenômeno chamado de *estagflação*) são as manifestações mais importantes dessa crise global. O caráter produtivo da crise é atribuído às mudanças no paradigma tecnológico, que passam a ser chamadas de "Terceira Revolução Industrial".

Os impactos e conseqüências da crise, bem como as soluções para o seu combate, além das determinações mais gerais dadas pela própria etapa de desenvolvimento do capitalismo, diferenciam-se entre os países pela inserção internacional de suas economias e pelos particulares desenvolvimentos históricos, que determinam respostas sociais e políticas específicas.

É o avanço do capitalismo, portanto — através do aumento da rivalidade entre suas corporações gigantes, "solidarizando" os espaços econômicos nacionais, homogeneizando os padrões de produção e consumo e introduzindo profundas diferenças sociais nas áreas de penetração recente —, que determina a tão propalada decadência do "estatismo". Ou seja, o intenso processo de internacionalização dos mercados, dos sistemas produtivos e da tendência à unificação monetária e financeira que o acompanharam, levou a uma perda considerável da autonomia dos Estados Nacionais, reduzindo o espaço e a eficácia de suas políticas econômicas e demonstrando a precarização de suas políticas sociais.

Essa é a base real para a crise do Estado capitalista, crise esta que levou economistas, ideólogos e políticos a lançarem mão do velho ideário do liberalismo econômico, constituindo-se num movimento intitulado de "retorno à ortodoxia", que deu origem às teses monetaristas e neoliberais que passam a nortear as políticas econômicas de boa parte do mundo a partir do final da década de 70.

Trata-se de uma crise global de um modelo social de acumulação, cujas tentativas de resolução têm produzido transformações estruturais que dão lugar a um modelo diferente — denominado de *neoliberal* — que inclui (por definição) a informalidade no trabalho, o desemprego, o subemprego, a desproteção trabalhista e, conseqüentemente, uma "nova" pobreza. Ao contrário, portanto, do que se afirma, a reprodução em condições críticas de grandes parcelas da população faz parte do modelo, não impedindo a reprodução do capital. Essas condições não são uma manifestação de que o sistema estaria funcionando mal, e sim a contraface do funcionamento correto de um novo modelo social de acumulação.[1]

Nesse sentido, o *ajuste neoliberal* não é apenas de natureza econômica: faz parte de uma redefinição global do campo político-institucional e das relações sociais. Passa a existir um outro projeto de "reintegração social", com parâmetros distintos daqueles que entraram em crise a partir do final dos anos 70. Os *pobres* passam a ser uma nova "categoria classificatória", alvo das políticas focalizadas de assistência, mantendo sua condição de "pobre" por uma lógica coerente com o individualismo que dá sustentação ideológica a esse modelo de acumulação: no domínio do mercado existem, "naturalmente", ganhadores e perdedores, fortes e fracos, os que pertencem e os que ficam de fora.[2]

Em síntese, esse novo modelo de acumulação implica que: os direitos sociais perdem identidade e a concepção de cidadania se restringe; aprofunda-se a separação público-privado e a reprodução é inteiramente devolvida para este último âmbito; a legislação trabalhista evolui para uma maior mercantilização (e, portanto, desproteção) da força de trabalho; a legitimação (do Estado) se reduz à ampliação do assistencialismo. A expressão institucional desse modelo — e do caráter das relações sociais — é também um *novo Estado*, um cenário diferente que expressa — ao mesmo tempo que define — novas condições da luta social.[3]

Os dois países que lideraram, no centro do capitalismo, a adoção do modelo neoliberal foram a Inglaterra e os EUA. Na Inglaterra, com o advento do "tatcherismo", a chamada "contra-revolução monetarista", em oposição à "revolução keynesiana", consistia na aplicação do receituário friedmaniano de contração monetária, eliminação do Estado como agente econômico, drástica redução do tamanho e dos gastos com o *Welfare State*, e a liberalização do mercado. Os resultados dessa política, em síntese, foram a recessão e o desemprego, entre outros, evidenciando uma política deliberada de depressão no sistema produtivo, atingindo seu objetivo implícito: o da valorização internacional da libra.

A adoção do credo ortodoxo nos EUA, centro dominante do capitalismo industrial, trouxe, além de implicações internas, graves conseqüências para o resto do mundo, em particular para a América Latina.

Esse credo nos EUA assumiu outra roupagem intitulada de "economia da oferta", em que o Estado também é a causa de todos os males: a estagflação é o resultado do excesso de oferta monetária, de impostos e de regulamentação do mercado. Portanto, a receita para que os EUA retomem a posição hegemônica é a volta ao "liberalismo econômico", mediante a redução da carga fiscal, contração da oferta monetária, eliminação dos vários tipos de regulamentação do mercado por parte do Estado e o restabelecimento do dólar como moeda forte e padrão de referência internacional.

No entanto, o ajuste não foi levado adiante na mesma magnitude nos países centrais, que em boa medida transferiram sua crise para a periferia via dívida externa, mantendo protegidas suas economias.

Na América Latina, os efeitos devastadores da crise financeira e a explosão da crise da dívida externa nos anos 80 levam a um reforço do modelo que vinha sendo aplicado em alguns países desde meados da década anterior pelo Banco Mundial, o FMI e o governo dos EUA, no chamado "Consenso de Washington".

O novo enfoque, chamado de *ajuste estrutural*, pretende desencadear as necessárias mudanças através de políticas liberalizantes, privatizantes e de mercado. A proposta desse ajuste resume-se, para o chamado curto prazo, em diminuir o déficit fiscal reduzindo o gasto público, aplicar uma política monetária restritiva para combater a inflação e fazer prevalecer uma taxa de juros "real positiva" e um tipo de câmbio "real adequado".

A médio prazo, os objetivos seriam transformar as exportações no motor de crescimento; liberalizar o comércio exterior; atenuar as regulações estatais maximizando o uso do mercado; concentrar o investimento no setor privado, comprimindo a presença do setor estatal, e promover uma estrutura de preços sem distorções.

Por trás de todas essas medidas está a idéia central de que é o livre jogo das forças de mercado, sem nenhuma interferência, o que levaria a uma melhor utilização dos fatores produtivos em benefício de toda a coletividade.

Essa tese de que só o funcionamento livre da economia logra uma distribuição racional dos recursos traz consigo a idéia de *neutralidade* com um enorme poder de persuasão. A ênfase colocada em uma suposta assepsia doutrinária permite que essas idéias sejam difundidas e aplicadas completamente "fora de lugar".

Evidentemente, ao buscarmos as reais motivações subjacentes à defesa desses princípios, encontramos interesses econômicos e políticos bem definidos. Assim, por exemplo, a teoria clássica do livre comércio serve para formular um esquema de divisão internacional do trabalho que vem respondendo a interesses dominantes tanto no centro do sistema capitalista como na sua periferia.

O modelo neoliberal, que propõe para a América Latina a liberalização comercial e financeira a todo custo, entra em aberta contradição com o intenso neoprotecionismo nos países centrais. Na realidade, esse modelo de caráter monetarista se reduz à instalação de políticas macroeconômicas que têm por objetivo restabelecer o equilíbrio da balança de pagamentos (para pagar a dívida externa e as importações) e controlar a inflação através de medidas recessivas. Por outro lado, a suposta integração na economia internacional por meio dessa liberalização pressupõe que a indústria nacional desses países não só não seria afetada, como aumentaria a sua *competitividade* e a sua *eficiência*. Tudo isto produto apenas das "forças livres do mercado" e sem a interferência do Estado.

A realidade de um capitalismo transnacional oligopolista, com o predomínio da grande empresa que detém o poder de ditar as regras, e no qual as economias em desenvolvimento tiveram que contar com a decisiva participação do Estado para as suas respectivas industrializações, coloca em xeque esse modelo neoliberal.

As políticas de ajuste fazem parte de um movimento de *ajuste global*, o qual se desenvolve num contexto de globalização financeira e produtiva. Esse processo de ajuste global na economia mundial caracteriza-se por um rearranjo da hierarquia das relações econômicas e políticas internacionais, feito sob a égide de uma doutrina neoliberal, cosmopolita, gestada na capital política do mundo capitalista, denominada Consenso de Washington.

O referido Consenso caracteriza-se por "um conjunto, abrangente, de regras de condicionalidade aplicadas de forma cada vez mais padronizada aos diversos países e regiões do mundo, para obter o apoio político e econômico dos governos centrais e dos organismos internacionais. Trata-se também de políticas macroeconômicas de estabilização acompanhadas de reformas estruturais liberalizantes" (Tavares & Fiori, 1993:18).

Essas reformas estruturais de cunho neoliberal — centradas na desregulamentação dos mercados, na abertura comercial e financeira, na privatização do setor público e na redução do Estado — assumem uma convergência forçada nas medidas recomendadas pelo Banco Mundial, que ganham força de doutrina constituída, aceita por praticamente todos os países. Por outro lado, as políticas macroeconômicas propostas pelo FMI vêm mudando de natureza, acompanhando *ex-post* os problemas surgidos a partir das experiências de estabilização em vários países. As divergências em relação a esse "consenso global" também surgiram, paradoxalmente, em Washington, no interior do governo Clinton.

As políticas de ajuste neoliberal, do ponto de vista político, passaram por duas inflexões importantes: o Plano Baker (1985), que apontava a necessidade de pensar a estabilização juntamente com o crescimento, convidando as agências financiadoras internacionais e os bancos comerciais a financiarem os "esforços" de ajuste e as reformas estruturais de maior maturação; e o Plano Brady (1990), que reconhecia a inevitabilidade de uma renegociação do pagamento das dívidas como forma de desafogar financeiramente os países devedores.[4]

A partir, portanto, de meados dos anos 80, o ideário propositivo sobre as políticas de ajuste nas economias "não-industrializadas" passa a incorporar algumas dimensões de natureza "corretiva".

Em uma delas, que dizia respeito ao papel do Estado, alguns autores passaram a discutir o chamado "paradoxo ortodoxo" ou "paradoxo político das reformas liberais" (Fiori, 1992), qual seja, o problema de como conduzir uma transição que tinha no Estado o artífice da reforma principal: a reforma de si mesmo. Esse problema só ficaria conceitual e praticamente equacionado quando, mais adiante, passou-se a ver a transformação do Estado como parte — lenta e complexa — da construção de um novo modelo de desenvolvimento. Dessa forma, evoluiu-se da idéia de *minimização* do Estado para a sua *reconstrução*. Note-se, porém, que se trata de idéias adotadas apenas por alguns e nem sempre (em quase nenhum caso) implementadas na prática.

Tavares & Fiori (1993) destacam o caráter contraditório de todo esse processo, por eles denominado de *desajuste global*. Anteriormente, Tavares (1992) já denominava as políticas de ajuste e reestruturação nos países centrais de *modernização conservadora*.[5] O *caráter desigual* dessa modernização entre países, empresas e pessoas leva a uma distribuição regressiva dos benefícios do progresso técnico. A forma como é feita a "socialização" das perdas provoca, entre outras coisas, uma crise fiscal de contornos estruturais e transferências patrimoniais de grande porte.

Esse caráter desigual, que se relaciona mais de perto com o que está sendo tratado neste livro, também foi chamado de "transformação produtiva *sem* eqüidade".[6] Nesse caso, o *caráter global da modernização está dado pelo sentido comum de agravamento das desigualdades e de produção de excludência*. Esse tipo de transformação produtiva caracteriza-se pelo caráter restrito e concentrado das mudanças tecnológicas em poucos países, bem como numa *distribuição desigual dos frutos do progresso técnico e dos custos sociais das políticas de ajuste e reestruturação*. Os custos sociais têm sido pagos primordialmente pelos países periféricos, mas, de modo geral, houve uma piora nos padrões de eqüidade social herdados do padrão de desenvolvimento do pós-guerra.

Os países centrais reservaram para si os avanços científicos e tecnológicos, os núcleos de expansão e diversificação produtiva, os fluxos de comércio e de capitais. "Todo o processo de desenvolvimento dos centros em áreas concêntricas de circularidade virtuosa, com exclusão e deterioração das relações com a periferia, ocorreu exatamente como está descrito no ensaio seminal de Raúl Prebisch, com a agravante para a América Latina de seguir mergulhada numa crise financeira externa, que não existia em 1947-49."[7]

Por outro lado, no interior dos países centrais também houve uma distribuição desigual dos custos sociais: estes foram pagos, na maioria dos países, pelos Estados (crise financeira), pelos sindicatos e pelo emprego da força de trabalho. A crise do mercado de trabalho, no entanto, se bem foi agravada pelas políticas recessivas de ajuste, é de natureza estrutural. Justificado pelas mudanças tecnológicas, o chamado processo de "flexibilização" foi tão contundente e generalizado que, mesmo diante do crescimento econômico, ainda não foi resolvido. Além disso, o emprego dos mais jovens, dos mais velhos e das mulheres torna-se um problema estrutural adicional. Outras conseqüências dessa repartição desigual dos custos foram: a distribuição pessoal da renda piorou com o aumento da dispersão salarial; houve ampliação dos autônomos com rendimentos desiguais e o surgimento de uma "casta" *yuppie* de rentistas; foram gerados bolsões de pobreza, sobretudo nos EUA e na Inglaterra; e foram desmontados os mecanismos compensatórios do *Welfare State*, sobretudo em função da crise fiscal. Essa crise fiscal, que chegou a apresentar magnitude semelhante à dos países periféricos, esteve associada tanto às políticas de ajuste quanto à reestruturação da atividade econômica e da população economicamente ativa.

Outra razão da crise fiscal, pelo lado do gasto corrente, associada às políticas de ajuste, tornou-se visível pelo peso adquirido nos EUA e, sobretudo, nos *países peri-*

féricos: trata-se do peso crescente dos serviços financeiros externos e/ou externos da dívida pública. Essa influência crescente dos serviços financeiros (advinda das operações ativas com títulos públicos nos mercados monetários para regular os desequilíbrios de balanço de pagamentos) provocou um resultado estrutural importante: *o agravamento da distribuição da renda e da riqueza nacional no interior dos países*, gerando a maior concentração de riqueza privada já vista na história do capitalismo.

Além disso, esse enorme incremento da concentração da renda e da riqueza, em função dos *paraísos fiscais* para os agentes transnacionais, não possui bases territoriais delimitadas. No entanto, a infra-estrutura física e social tem sido paga, *em todos os casos*, pelos Estados Nacionais, ou seja, com recursos públicos arrecadados de forma regressiva das suas populações já empobrecidas. Nesse sentido, as reclamações contra o peso e a ineficiência do Estado por parte daqueles bem colocados em termos de renda e riqueza pessoal nos circuitos privilegiados têm constituído uma ideologia — hegemonizada pela mídia e pelos governos — totalmente falsificadora da realidade.

No que tange às *políticas sociais*, onde já havia um Estado de Bem-Estar Social estruturado, profissionalizado e com recursos abundantes de financiamento, as políticas de ajuste estrutural sofreram resistências concretas, tanto por parte da burocracia de Estado quanto por parte das populações-alvo. Isto não deve ser confundido, no entanto, com o fato de que o caráter recessivo das políticas de ajuste econômico provocou, em quase todos os casos, *cortes lineares do gasto social e deterioração dos padrões do serviço público*.

Para os países onde não existia um Estado de Bem-Estar Social constituído, as políticas de ajuste vieram mais pelo lado econômico — abertura comercial, deslocalização de indústrias e atividades e desemprego — do que pelo lado da distribuição de aparelhos de política social. Uma vez que estes não existiam, dependendo da intensidade do ajuste, vários países foram obrigados a fazer programas sociais de caráter emergencial, focalizados, contando com a "solidariedade comunitária". Em todos os casos, porém, *essas políticas foram manifestamente insuficientes para diminuir a desigualdade social e a pobreza preexistentes e, sobretudo, agravadas pelo próprio ajuste.*

Nos casos em que já existiam políticas sociais universais (Previdência Social, Saúde, Educação Básica), o desmonte dessas políticas agravou consideravelmente as condições sociais, já de per si precárias, em particular no caso dos países da periferia capitalista.

A preocupação com os programas para os pobres (*pro-poor programs*) do Banco Mundial, expressa no documento "World Development Report 1990: Poverty" contendo indicadores do agravamento da pobreza produzido pela crise, somado aos efeitos das políticas de ajuste, passa a ser outra dimensão "corretiva" do ajuste. Essa preocupação evolui ao longo dessas duas últimas décadas, com a publicação de documentos de outros organismos internacionais como o Unicef: "Adjustment with a human face", 1987; o BID em conjunto com o PNUD: "Reforma social y pobreza", 1993; e, mais recentemente, o próprio FMI vem demonstrando sua "preocupação" com aquilo que chama de "humanização da globalização", conforme declaração recente de ex-diretor do FMI.[8]

As propostas de focalização no ataque à pobreza e de economicidade e eficiência consagradas no Consenso de Washington e, em particular, nos programas do Banco

Mundial não passam de uma tentativa de racionalizar a situação de agravamento geral das situações de pobreza e desamparo social a que foram conduzidos quase todos os países periféricos submetidos ao ajuste, independentemente de sua matriz histórica de desenvolvimento econômico e político.

Talvez isso explique a pertinácia com que as instituições multilaterais de financiamento tenham se empenhado em generalizar seu modelo de "reformas estruturais".

II
O AJUSTE NA AMÉRICA LATINA: o contexto

A entrada dos países latino-americanos no processo de ajuste e das reformas é variável no tempo. O Chile, país onde ocorreu a mais radical ruptura político-institucional do continente, inicia o ajuste nos anos 70. Diversos países iniciam seus processos de ajuste nos anos 80, com reformas parciais como a financeira e a renegociação das dívidas. Mas é a partir do final dos 80 e sobretudo início dos 90 que a maioria dos países latino-americanos desencadeia e/ou avança nos ajustes e nas reformas.[9]

O "receituário" do ajuste imposto pelos organismos multilaterais de financiamento também sofre mudanças. Na década de 80, o ajuste da economia, com "saneamento" das contas públicas e corte de salários, gastos e investimentos, era para gerar enormes saldos na balança comercial para o pagamento da dívida externa. Já na década de 90 muda a fórmula: mantendo-se o corte nos gastos públicos e salários, em vez de produzir saldos comerciais a ordem era importar muito (sob o argumento de que com isso se aumentaria nossa competitividade), passando a pagar o rombo das contas externas com os crescentes fluxos de capital externo que entravam nos países em busca do lucro fácil com títulos públicos e privados, fruto das privatizações e da especulação organizadas e colocadas à disposição pelos Estados Nacionais.[10]

Os diversos casos de "retorno à ortodoxia" observados em países da América Latina apresentam similitudes ao par de diferenças importantes. Numerosos países da região trataram de introduzir maiores elementos de ortodoxia em suas políticas econômicas, mas o fizeram com distintos graus de intensidade. No entanto, quase todas elas colocaram como objetivos comuns os seguintes: a) aumentar o grau de abertura da economia para o exterior a fim de lograr um maior grau de competitividade de suas atividades produtivas; b) racionalizar a participação do Estado na economia, liberalizar os mercados, os preços e as atividades produtivas; c) estabilizar o comportamento dos preços e de outras variáveis macroeconômicas.

As formas que as políticas de ajuste assumem nos diferentes países poderiam ser situadas num espectro que vai desde aquelas que possuem um caráter mais "doutrinário" ou mais "puro", no qual se aplicam estritamente os princípios do liberalismo econômico, até aquelas de tipo mais "pragmático", quase sempre mais afeitas ao ritmo e à gradualidade determinados pelos interesses dominantes em cada país.

As diferenças estariam dadas pela intensidade e pelo ritmo com que se perseguem os três objetivos comuns acima mencionados e pelas estratégias de desenvolvimento no longo prazo, em particular com relação à industrialização. Nos casos mais "doutrinários", não se trata apenas de fazer ajustes graduais e parciais, senão de admitir que possam ser desmontados totalmente, ou quase, setores produtivos que já estão fortemente arraigados na economia e que possuem uma longa tradição de produção, mas que na atualidade já não podem competir com bens similares importados. Tampouco persegue-se um processo contínuo e deliberado de desenvolvimento industrial proporcionando a proteção e a promoção que sejam necessárias aos setores novos. Pelo contrário: postula-se que o crescimento industrial terá que ser apenas aquele que o jogo das "forças de mercado naturalmente provoca".

Outra diferença importante diz respeito às concepções sobre as funções do mercado e do Estado na distribuição dos recursos produtivos. Nas colocações mais pragmáticas ambos seriam necessários, complementando-se entre si. Nos casos mais doutrinários as funções do Estado relativas à produção devem limitar-se às do Estado gendarme, sem influir na assignação dos recursos e permitindo que esta se realize exclusivamente pelo mercado. Paralelamente a essas diferenças estão os matizes no tocante à operação dos instrumentos de política econômica, quase sempre fortemente orientada pelas restrições e pelas determinações externas, particularmente dos organismos multilaterais de financiamento como o FMI.

Por outro lado, essas diferenças se traduzem e trazem conseqüências importantes em outros aspectos de fundamental relevância da sociedade e do processo político. Nos casos mais pragmáticos seria mais factível a consolidação de processos democráticos ao evitar ou amenizar algumas das causas fundamentais de tensão social e política. Nos exemplos mais doutrinários se evidenciou a necessidade de governos mais autoritários, sendo menor e/ou mais lento o avanço possível nos processos de abertura política.

A preocupação com as diferenças também se verifica em Tavares & Fiori (1993) quando analisam três países latino-americanos — Chile, México e Argentina — buscando confrontar suas trajetórias políticas e econômicas com as do Brasil na última década. Aqui as diferenças são identificadas com o objetivo de situar os obstáculos ao avanço das políticas de ajuste, comuns em seu ideário, na sociedade brasileira. Essas diferenças seriam de natureza institucional, consolidadas através de longas trajetórias históricas, e de natureza conjuntural, vinculadas às mudanças nas correlações de forças nacionais e internacionais, influenciando na maior ou menor eficácia na implementação das políticas propugnadas pelo reformismo liberal.

Existe ainda um outro elemento nessa diferenciação: o fator tempo, o que é exemplificado com os casos do Chile, onde o ajustamento começou ao final da década de 70 (servindo inclusive como modelo para a elaboração posterior do chamado Consenso de Washington); do México, onde esse ajustamento só ocorreu na segunda metade dos anos 80; e do Brasil, com a virada dos anos 90.

Por outro lado, houve também mudanças no caráter do ajuste após 1990. Com os EUA já "reestruturados", passou a prevalecer o interesse exportador desse país, encarando a América Latina como seu "mercado". A partir de 1991 verificou-se uma inflexão na balança comercial de diversos países latino-americanos, sobretudo o México e a Argentina.[11] A entrada na "globalidade" significou, para a América Latina, apenas uma abertura comercial incondicional.

Há uma concordância entre os autores em que as diferenças na implementação das políticas de ajuste por parte de alguns países latino-americanos derivam essencialmente do tipo de trajetória — econômica, social e política — percorrida por esses países antes da crise dos anos 80. Essas trajetórias, baseadas em diferentes estruturas produtivas, traduzem-se em diferentes instituições políticas, sistemas partidários e organizações sindicais e empresariais, que resultam em capacidades diferenciadas de sustentar formas pactuadas ou solidárias de implementação daquelas políticas.

Na análise das tentativas de ajuste e estabilização no Brasil, Tavares[12] toma como paradigma o caso exitoso do Chile, bem como as experiências recentes do México e da Argentina. Seu objetivo é o de não apenas mostrar a especificidade brasileira, mas evidenciar o caráter contraditório, e igualmente específico, que tiveram tais experiências; chamando a atenção para a distância existente entre os processos *reais* e as *doutrinas* assumidas pelas políticas de estabilização. São sintetizadas aqui suas principais hipóteses, extraídas da análise das próprias experiências, por sua relevância como referências mais gerais.

A modalidade de ajuste convencional do balanço de pagamentos conseguiu, mediante políticas macroeconômicas recessivas e políticas cambiais ativas, obter superávits comerciais para cobrir, em parte, o serviço da dívida externa. No entanto, esse tipo de ajuste recessivo não conseguiu estabilizar economias de alta inflação crônica e com restrições externas severas, provocando um *trade-off* negativo sobre a arrecadação fiscal e um alto grau de endividamento interno, levando a consistentes desajustes fiscais e patrimoniais no setor público. Ou seja, a contrapartida desse tipo de ajuste tem sido a necessidade de um ajuste fiscal permanente. Este último, por sua vez, nem sempre conseguiu produzir um aumento da carga fiscal efetiva, sobretudo em situações de alta inflação com recessão ou estancamento, quando se torna difícil aumentar as receitas tributárias correntes.

Nessas circunstâncias, o ajuste fiscal tem se tornado cada vez mais custoso para o *setor público*, obrigando-o a cortar gastos essenciais e suportar desequilíbrios patrimoniais crescentes. O setor privado (particularmente as empresas produtoras de bens não-comercializáveis) também "adaptou-se" às políticas recessivas, por meio da queda nos salários e redução do emprego nos *mercados formais*, e do aumento da informalidade nos negócios, com evasão de impostos e diminuição da base de imposição tributária.

Diante dos problemas de rigidez da base tributária e dos endividamentos interno e externo crescentes no setor público, e atendendo às recomendações de *reformas estruturais* do Banco Mundial, muitos países têm promovido *privatizações* aceleradas, tentando ajustar patrimonialmente as contas públicas. No entanto, esse tipo de ajuste se dá, quando existem receitas patrimoniais líquidas, de uma vez por todas, não resolvendo o problema de financiamento corrente e futuro do setor público.

Outra hipótese é a de que a desregulação dos mercados financeiros e a abertura comercial irrestrita, preconizadas como "reformas estruturais" pelas políticas de ajuste neoliberais, enquanto não se atingir um certo grau de estabilização e crescimento com uma boa inserção internacional, continuarão provocando os seguintes desequilíbrios: movimentos de *stop and go* na economia, com entradas e saídas de capitais que provocam desequilíbrios no balanço de pagamentos, além de repor periodicamente condições restritivas ao crédito interno com o retorno das políticas monetárias e cambiais ativas.

Nas políticas antiinflacionárias mais recentes, com "âncora cambial" e juros internos altos, as medidas de liberalização financeira têm levado à sobrevalorização cambial, com forte entrada de capitais de curto prazo, pondo novamente em risco os equilíbrios futuros do balanço de pagamentos.

Outra medida utilizada freqüentemente, a emissão de títulos da dívida pública imobiliária, como instrumento de regulação de mercados financeiros e cambiais abertos e voláteis, tem se mostrado muito precária. As experiências do Chile, México e Argentina, em épocas distintas, e do Brasil no período pós-1988, têm demonstrado com clareza que o montante da dívida interna torna-se rapidamente incontrolável, uma vez que não existe capacidade de absorção fiscal dos impactos desestabilizadores de um mercado monetário que opera baseado em títulos públicos de alta liquidez e elevadas taxas de juros. Mesmo quando existe essa capacidade, é difícil obter estabilidade cambial e monetária com mercados financeiros abertos e desregulados. Dessa forma, o problema não é a interdependência das políticas fiscal, monetária e cambial, mas o caráter contraditório da relação entre as mesmas.

Outros autores também identificam semelhanças e diferenças entre as diversas propostas de ajuste na América Latina. Bustelo & Isuani (1990) as resumem em duas modalidades principais. A primeira parte da hipótese de que é necessário restabelecer rapidamente o equilíbrio das principais variáveis macroeconômicas. Assim, o ajuste deveria estabilizar um sistema de preços que se considera distorcido, incluindo principalmente o tipo de câmbio e a taxa de juros. Uma estrita política salarial e a redução radical dos gastos estatais permitiria resolver a crise fiscal. A aplicação "severa e correta" do ajuste permitiria, ainda, que o mesmo fosse de curta duração e, portanto, seus amargos custos seriam recompensados por um aumento do investimento e do rápido restabelecimento do fluxo de capital externo. Para as eventuais "oposições" ao ajuste, existiriam respostas que oscilariam entre medidas de compensação parcial a certos grupos (evidentemente para aqueles com maior poder de pressão) e o controle repressivo. A implementação desse tipo de ajuste não logrou, em geral, os resultados esperados pelos seus proponentes, em termos de estabilização efetiva e permanente dos preços da economia. Depois de aplicá-lo, vários países se encontraram em maiores dificuldades, propiciando a revisão de alguns supostos.

Dessa forma, surgiu uma segunda concepção de ajuste mais relacionada a transformações de médio prazo, no entendimento de que as "distorções" e a falta de incentivos para o investimento produtivo, bem como as debilidades institucionais do setor público, seriam extremamente sérias. A sua superação demandaria mais tempo que o previsto anteriormente. Além de uma melhor gestão macroeconômica, seria necessário impulsionar profundas mudanças institucionais e repensar as estratégias de desenvolvimento, incluindo a relação público-privado. O surgimento de créditos de "ajuste estrutural" (SALs) do Banco Mundial esteve relacionado com essas preocupações.

Nesse sentido, também na América Latina se reproduz, no discurso de organismos internacionais e mesmo de alguns governos, a preocupação com "medidas corretivas" ao ajuste. Em recente documento do Instituto Latinoamericano de Planejamento Econômico e Social (Ilpes),[13] afirma-se que, apesar de o funcionamento da economia de mercado nos diferentes países da região latino-americana apresentar destacáveis "ativos", principalmente no logro de alguns "equilíbrios macroeconômicos", ainda exibe "passivos" que "inquietam", particularmente com respeito ao crescimento e à eqüidade. A partir dessas considerações, conclui que é "crucial" examinar quais podem ser as "responsabilidades do Estado" para orientar o desenvolvimento em prol de um maior dinamismo e justiça social.

Ou seja, mesmo reconhecendo as gritantes evidências do fracasso social do ajuste, os organismos internacionais mascaram a impossibilidade de que, a persistir a mesma política econômica, esse fracasso possa ser revertido, impondo uma visão de que os problemas sociais hoje existentes são apenas um problema de administração do ajuste, culpabilizando, mais uma vez, os Estados Nacionais de serem incompetentes na gestão econômica e social. É nessa perspectiva que se situam as recomendações recorrentes da necessidade de "reformas", baixo o argumento de que elas ou ainda não foram realizadas ou foram mal implementadas nos países latino-americanos.

Em síntese, simultaneamente à existência de muitos aspectos comuns, há uma diversidade nas conseqüências econômicas, políticas e sociais entre os países da América Latina. Essa diversidade depende, fundamentalmente, dos seguintes aspectos:

• O período de implantação: diferenças de conjuntura internacional e dentro dos próprios países nos anos 80 e anos 90. A entrada tardia do Brasil em comparação à maioria dos países latino-americanos tem também significado um "aprendizado tardio" com relação a algumas "lições" que nós brasileiros já deveríamos ter aprendido quando observamos nossos países vizinhos.

• O tipo e a intensidade das políticas de ajuste (seu caráter mais ou menos ortodoxo, radicalidade ou gradualidade das medidas etc.). Nesse sentido, o caso do Chile foi considerado como a experiência mais radical no sentido da ruptura com seu passado, dando-se num contexto de ditadura militar.

• A estruturação da economia (se mais ou menos industrializada etc.). No caso do Brasil, país com o mais alto grau de industrialização da América Latina, as conseqüências do ajuste — com a destruição do parque industrial nacional — têm características particulares totalmente distintas das de outros países cujas economias possuem "nichos exportadores" de produtos primários, como o Chile.

• A estruturação do Estado (federativo, democrático, autoritário etc.). Na maioria dos países, a fragilidade político-institucional veio acompanhada de um recrudescimento do autoritarismo, ainda que em regimes supostamente "democráticos" ou em fase de "democratização".

• A estruturação anterior das políticas públicas (âmbito nacional; grau de universalidade no acesso; padrão de financiamento; cobertura etc.). Aqui poderíamos diferenciar três padrões de desmonte das políticas públicas sociais na América Latina: 1) destruição e ruptura total com o padrão anterior (caso chileno); 2) desmonte de políticas sociais pouco estruturadas e frágeis (casos como o Peru e a Bolívia, onde o Estado como agente executor de políticas sociais desapareceu do mapa: hoje os pobres nesses países estão entregues a programas financiados por recursos internacionais e nas mãos das ONGs); e 3) o desmonte simultâneo de políticas sociais frágeis (como alguns programas de assistência social) e de políticas mais estruturadas, algumas inclusive a caminho de mudanças em direção a uma maior universalização e justiça social (como, por exemplo, a Seguridade Social no Brasil — especialmente o seu Sistema Único de Saúde (SUS), o único com acesso universal na América Latina).

• E, ainda, as diferenças relativas às *condições sociais* encontradas em cada situação específica (características, intensidade e extensão das situações de *desigualdade social e pobreza*). Nesse aspecto, em todos os países latino-americanos verificaram-se dois fatos: de um lado, o agravamento das condições anteriores de desigualdade social e, de outro, o surgimento de novas formas de pobreza ou exclusão social, sobretudo devido ao advento maciço do desemprego. É evidente que aqui as diferenças prévias também determinaram as características ou a "cara" das conseqüências sociais do ajuste: maior extensão populacional; maior concentração da renda; maior heterogeneidade social; peso rural-urbano; maiores e mais numerosos centros metropolitanos; entre outras.

As mudanças provocadas pelo ajuste podem ser conjunturais e estruturais. Suas possibilidades de reversão são inversamente proporcionais à sua capacidade ou poder de destruição.

As conseqüências dessas políticas na América Latina, em muitos casos, vão mais além de crises econômicas conjunturais que podem ser superadas com algumas medidas de "ajuste" (o "ajuste do ajuste") ou "medidas corretivas", como os organismos multilaterais costumam enfatizar. Essas conseqüências — tanto no âmbito social, político-institucional e até mesmo econômico — têm componentes estruturais sérios, cujo horizonte transitório vem ficando cada vez mais distante. *Isto significa que muitas dessas conseqüências são de difícil reversão, sobretudo se mantidos a atual política econômica e o padrão de intervenção do Estado no SOCIAL de caráter "residual".*

A gravidade e o caráter dessas conseqüências na América Latina têm a ver também com a superposição dessas medidas sobre uma herança estrutural extremamente heterogênea e desigual do ponto de vista social; dependente e periférica do ponto de vista econômico;

e instável e autoritária do ponto de vista político-institucional.

Assim, observadas as semelhanças e as diferenças de situações e de propostas de ajuste, pode-se afirmar que, após uma série de experiências de ajuste, reestruturação, ou outra denominação que se dê, o continente latino-americano encontra-se, mais do que no passado, em uma situação econômica, política e institucional fragilizada e instável, apresentando um quadro social agravado.

Finalmente, o *ajuste neoliberal* deve ser entendido não apenas como medidas de caráter exclusivamente econômico, mas também como um projeto global para a sociedade — com políticas articuladas em todos os âmbitos, inclusive *o social* —, aspecto sobre o qual será dada mais ênfase na seqüência.

III
O AJUSTE NO BRASIL:
a entrada retardatária

No caso do Brasil, o ajuste tornou-se particularmente dramático nos últimos anos, tanto do ponto de vista econômico quanto do social. Pelo lado econômico, apesar de ter sido, na década de 80, o país sul-americano a oferecer maior resistência às políticas de desregulamentação financeira e abertura comercial irrestrita, todos os impactos das políticas de ajuste implementadas nos anos 90 estão se sobrepondo com grande intensidade e num tempo muito curto. Pelo lado social, o país foi pego a meio caminho na sua tentativa tardia de montagem de um Estado de Bem-Estar Social. Dada a sua massa gigantesca de pobreza estrutural, praticamente excluída dos benefícios do desenvolvimento passado, o país é atingido pelos dois lados, o desenvolvido e o subdesenvolvido. Vale dizer, sofre todos os percalços das políticas de ajuste comuns aos países desenvolvidos e subdesenvolvidos.

Em uma perspectiva histórico-estrutural, a expressão interna da crise dos anos 80 no Brasil se dá no chamado esgotamento do Estado Desenvolvimentista, cujo padrão se baseava no tripé Estado-capital estrangeiro-capital nacional, com surtos de crescimento e desenvolvimento que possibilitavam os movimentos de "fuga para a frente", em que se acomodavam os diversos interesses dominantes.[14] O principal elemento dessa impossibilidade de novas "fugas para a frente" é a crise financeira do

Estado, decorrente de um processo crescente de endividamento externo e interno. Esse processo leva à perda do controle da moeda e de suas finanças por parte do Estado, debilitando também sua ação estruturante, não apenas pela forte redução do gasto e dos investimentos públicos, mas também pela completa ausência de políticas de desenvolvimento.[15]

As condições econômicas e políticas, presentes nos casos do Chile e do México, parecem estar ausentes no Brasil para que se implemente um ajuste nos moldes ortodoxos e padronizados pelo Consenso de Washington. O Estado brasileiro se encontra econômica e politicamente fragilizado diante da crise dos anos 80, sem contar com os recursos (econômicos e políticos) para enfrentar as medidas de ajuste que se impunham naquele período. O país enfrenta, segundo Fiori (1992), um processo circular e crônico de instabilização macroeconômica e política: instabilidade da moeda; instabilidade do crescimento; instabilidade na condução das políticas públicas etc. A política econômica terminou por submeter-se à própria volatilidade do processo econômico e político, ambos movendo-se em direções opostas. Foram contabilizados nesse período oito planos de estabilização monetária, quatro diferentes moedas (uma a cada trinta meses), onze índices de cálculo inflacionário, cinco congelamentos de preços e salários, catorze políticas salariais, dezoito modificações nas regras de câmbio, cinqüenta e quatro alterações nas regras de controle de preços, vinte e uma propostas de negociação da dívida externa e dezenove decretos sobre a autoridade fiscal.

O insucesso dessas múltiplas tentativas, bem como a análise de outras experiências latino-americanas, parecem indicar que as condições para um processo de estabilização e retomada do crescimento são múltiplas e complexas, cuja natureza transcende as medidas apenas de política econômica. Mesmo essas medidas, como assinala Tavares (1993), contiveram algum elemento de "heterodoxia" e implicaram o fortalecimento político-econômico do Estado, além de contar com forte absorção de recursos externos; demonstrando que as razões do "sucesso" da estabilização em algumas experiências latinoamericanas eram completamente alheias às políticas recomendadas pelo FMI e congêneres.

As condições apontadas acima, portanto, têm a ver, por um lado, com questões de ordem estrutural que dizem respeito à estrutura econômica, política e social prévia ao ajuste. O Brasil, no início dos anos 80, já havia se tornado o caso mais avançado de industrialização da América Latina, tanto pelo porte de sua indústria como pelo grau de articulação interindustrial e por sua inserção internacional. Para esse tipo de economia não era possível um ajuste "passivo" à nova ordem econômica mundial, na medida em que não possuía complementaridades decisivas com qualquer bloco comercial regional. O caminho de um "ajuste estratégico", com uma profunda reestruturação produtiva e tecnológica, parecia estar impedido não pela força do Estado brasileiro, mas por sua fragilidade, como apontamos acima. Essa fragilidade também se expressava na incapacidade desse Estado em disciplinar simultaneamente o trabalho (embora seja este sempre elo mais frágil), o capital (com grande heterogeneidade de interesses) e a si próprio.

Na virada dos anos 90, no entanto, o retorno à ortodoxia, acompanhado da "onda" neoliberal, chegou de forma "retardatária" (mais uma vez) ao Brasil.

As razões do surgimento desse tipo de proposta neoliberal encontravam-se, de um lado, no agravamento da crise econômica em 1989-90 e, de outro, no esgotamento do Estado Desenvolvimentista brasileiro.

A expressão máxima do esgotamento do Estado Desenvolvimentista deu-se ao final do governo Sarney, quando culminou o processo de transição democrática em que, apesar da evidente hegemonia conservadora na sua condução, também encontramos movimentos sociais ativos e propostas alternativas de gestão pública em alguns níveis e setores de governo. A erosão da autoridade governamental com a ausência crescente de legitimidade, enfrentando uma sociedade carente de consensos e hegemonias, sem parâmetros de ação coletiva, sofrendo os impactos de uma economia destruída pela hiperinflação, tudo isso levou à insustentabilidade da situação política e econômica e a um sentimento generalizado da necessidade de uma mudança radical de rumo.

A eleição presidencial de 1989, que em si já representou uma ruptura após trinta anos de autoritarismo, consagrou, por meio do voto majoritário, um candidato que, ao mesmo tempo, representava a direita política e conseguiu aglutinar em torno de si amplos setores da população ao propor uma "reformulação profunda" da situação vigente. É nesse quadro que o governo Collor lançou seu plano de estabilização e a reforma econômica, magnificado por uma crescente vontade "rupturista", que passou a ocupar o epicentro da vida política e econômica, deixando perplexos e paralisados setores de diversos "matizes" político-ideológicos da sociedade brasileira.[16]

No entanto, é a partir de meados dos anos 90, após o lançamento do Plano Real e com a eleição de Fernando Henrique Cardoso para presidente, que os contornos neoliberais do processo do "ajuste brasileiro" tornam-se mais nítidos, bem como as suas conseqüências econômicas e, sobretudo, sociais.

O eixo central na condução da política econômica é o combate à inflação, mediante o Plano de Estabilização, cujo sucesso passou a ser condição *sine qua non*, segundo o discurso governista, para a retomada do crescimento. Para a consecução desse objetivo qualquer meio era justificável, inclusive uma recessão sem limites.

Além da estratégia central de combate à inflação, outras propostas emergem do chamado projeto neoliberal brasileiro, cuja articulação entre si e com uma estratégia global, prazos e formas de viabilização ficam aos poucos mais claras ou explicitadas no discurso e na prática governistas. A maioria delas, no entanto, salvo algumas peculiaridades "nativas", é muito semelhante ao receituário neoliberal já visto anteriormente para a América Latina.

Assim, coloca-se a proposta de "desregulamentação" da economia que, basicamente, defende a abolição da regulação do Estado sobre os preços da economia em geral e sobre as relações capital-trabalho. Essa regulação, considerada como geradora de "distorções", passa a ser substituída pelo "livre jogo do mercado", cujos mecanismos de regulação seriam automáticos, tecnicamente isentos, proporcionando assim uma distribuição de recursos mais "racional".

A retirada do Estado ou a sua renúncia como agente econômico produtivo e empresarial é outra das propostas integrantes do projeto. Daqui se derivam as propostas de privatização das empresas estatais, o que contribui para a redução (estratégica) do setor público, bem como o rearranjo de toda a máquina estatal, situado na proposta mais ampla de Reforma do Estado.

Um dos componentes ideológicos por trás desse tipo de proposta é a idéia de que o setor público caracteriza-se, por princípio, em qualquer circunstância, como ineficiente e ineficaz, ao contrário do setor privado, o único a possuir uma "racionalidade" e uma "vocação" capazes de levar ao crescimento econômico. As possibilidades de sucesso da proposta privatizante estariam assim garantidas desde que o Estado não interferisse.

Queremos destacar que essa ideologia espalhou-se para além dos limites do setor produtivo, estendendo-se para a área social, como a Saúde e a Educação, em que a "superioridade" do setor privado foi também apregoada. Durante muitos anos a lógica privatista dominou esses setores (entre outros) do ponto de vista das políticas e práticas governistas. Os resultados são facilmente verificáveis, não causados pelo "excesso" de Estado, e sim, pela sua privatização interna.

Aqui podemos encaixar, na seqüência, outra idéia cara ao neoliberalismo (e explicitada no receituário do FMI e do Consenso de Washington), que é a do estabelecimento de um Estado Mínimo que cumpra apenas com algumas funções básicas, como a educação primária, a saúde pública e a criação e manutenção de uma infra-estrutura essencial ao desenvolvimento econômico. Ou seja, a proposta é a de que o Estado se afaste das funções não "prioritárias" para a alavancagem de um desenvolvimento "autônomo" e "auto-sustentado".

Nesse conjunto de proposições que compõem o modelo neoliberal encontra-se ainda a idéia de que com a privatização e a redução do tamanho do Estado, de modo geral, se estaria reduzindo o gasto público, com o que se eliminaria o déficit público, os dois grandes causadores de quase todos os "males", sobretudo o da inflação. Nesse particular presenciamos no Brasil um festival de medidas, como a demissão de funcionários, venda de automóveis e mansões, entre outras do mesmo teor, que foram denominadas de Reforma Administrativa. Evidentemente essas medidas, ao lado de outras de conseqüências mais graves, como a violenta redução do gasto social, não resultaram nem na eliminação do déficit público e muito menos na redução da inflação.

Para fechar o discurso neoliberal, temos na pauta governista um segundo elenco propositivo que diz respeito à chamada *liberalização do comércio exterior* (peça-chave, como já vimos, do ideário neoliberal mundial). Seu propósito essencial é o de tornar a nossa economia mais *internacionalizada* e *moderna*, fazendo com que as estruturas produtivas internas possam competir *livremente* no mercado internacional. Alcançaríamos assim o fim último de "ingressarmos no Primeiro Mundo", palavra de ordem recorrente, no limite da exaustão, em todos os discursos governamentais desde o presidente Collor.

Um dos elementos dessa política de abertura ao exterior é a liberalização das importações. O acesso às importações de insumos e produtos a preços competitivos é visto como instrumento de aumento da competitividade interna, eliminando distorções protecionistas e provocando a queda nos preços. Com o "sucesso" do plano de estabilização e os incentivos indiscriminados às importações, teríamos um verdadeiro paraíso em termos de criação de uma atmosfera favorável à entrada de capitais internacionais.

As principais críticas a esse elenco de medidas neoliberais apontam seus principais limites estruturais e conjunturais e suas principais conseqüências.

No que diz respeito à desregulamentação da economia, a abolição pura e simples da regulação por parte do poder público tem levado ao chamado *darwinismo* de mercado, cujas conseqüências sobre uma estrutura extremamente desigual como a brasileira, tanto do ponto de vista do capital como do trabalho, são, mais uma vez, o fortalecimento dos mais fortes e a evidente impossibilidade da livre concorrência por parte dos mais fracos. Assim, propostas como a livre negociação, numa situação de extrema heterogeneidade em termos de poder real de pressão e negociação, não passam de mera retórica. Some-se a isto o agravamento dessa desigualdade pela recessão (também incluída na estratégia governamental como peça fundamental, como foi visto) e o discurso "liberal" beira as raias do cinismo.

Do ponto de vista da eficácia dessas medidas neoliberais, as evidências a partir de algumas experiências em alguns países (inclusive o Brasil, em vários momentos do período autoritário) mostram, por um lado, que o "sucesso" relativo na queda da inflação (queda esta que, pelo menos no nosso caso, nem sempre ocorreu) foi acompanhado de conseqüências sociais, políticas e econômicas, hoje visíveis, gravíssimas. No exemplo paradigmático para a América Latina, a experiência chilena (apresentada no capítulo anterior), um dos ingredientes fundamentais do "sucesso" foi a força de uma ditadura (das mais violentas da história do nosso continente) que cunhou a expressão Fascismo de Mercado.

Todo o ideário de retirada do Estado e de redução de seu tamanho surge como reação à crise econômica, sem levar em consideração, no entanto, sua verdadeira causalidade. A proposta neoliberal também fez questão de omitir o papel histórico desempenhado pelo Estado na estruturação do nosso capitalismo brasileiro, desde a origem marcado pelo seu caráter tardio e dependente. Foi o Estado que impôs as políticas econômicas necessárias ao avanço da industrialização, além de possibilitar a participação do país no comércio internacional.[17]

Historicamente houve um aumento progressivo das dificuldades de engajamento do Brasil na Primeira e Segunda Revoluções Industriais, e, ao que tudo indica, as dificuldades de inserção na Terceira Revolução Industrial parecem ser ainda de maior complexidade. O traço fundamental desta Terceira Revolução Industrial foi a violenta reconcentração de capital nos principais oligopólios dos países centrais, diminuindo acentuadamente seus graus de concorrência, ampliando seu poder financeiro, de mercado e de controle da tecnologia. Esse poder, portanto, passou a depender crescentemente dos grandes bancos e empresas transnacionais, deslocando as grandes decisões sobre financiamento, transferência de tecnologia, produção e comércio da órbita institucional predominantemente pública para a predominantemente privada.[18]

A tradução disto, no entanto, no que concerne aos diferentes países, não foi a "retirada do Estado". Mesmo com o aprofundamento da crise econômica (e, sobretudo, após a tentativa de retomada da hegemonia norte-americana, principalmente em países, como o nosso, mais suscetíveis às movidas econômicas dos EUA), quando a tendência dominante se desloca para o controle das políticas monetária e fiscal de ajuste macroeconômico, o Estado não só não abre mão do seu papel estruturante, como em alguns casos assume medidas claramente neoprotecionistas diante do agravamento das condições de concorrência.

Nesse cenário internacional, as propostas de "liberalização comercial" e abertura de mercado para investimentos internacionais estão evidentemente fadadas ao insucesso. O quadro real em que se desenvolvem as relações econômicas internacionais, em que as negociações passam pela constituição de blocos de países, configura uma situação que exclui o Brasil da rota preferencial dos fluxos internacionais de investimento direto. Diante dessa impossibilidade de que uma nova onda de investimentos internacionais inunde o país, fica inviabilizada a dinâmica entre capital internacional e investimentos complementares de capitais nacionais públicos e privados, única alternativa historicamente comprovada no Brasil de alavancagem de um novo ciclo de crescimento prolongado.[19]

A liberalização indiscriminada das importações trouxe (e traz) ainda outras importantes dimensões para a discussão de suas conseqüências. Uma delas é a de que o alegado aumento da "competitividade" trouxe (e traz) consigo, na realidade, um enorme potencial de destrutividade. Segmentos inteiros da nossa economia foram desmantelados, com todas as seqüelas econômicas e sociais conhecidas, como, por exemplo, o desengajamento de parte de nossa força de trabalho, provocando um desemprego sem precedentes na nossa história.

Outra dimensão do problema é a de que a manutenção de um patamar alto de importações (seja pelo aumento da demanda por bens de consumo importados pelas classes altas, seja pela "modernização" da estrutura produtiva acima apontada), aliada ao pagamento da dívida externa, implica um ajuste muito forte a fim de possibilitar saldos comerciais elevados. Aqui se manifesta mais uma inconsistência da estratégia neoliberal, cujos resultados são apenas a importação de bens não relevantes para fins de desenvolvimento e o agravamento ainda maior da situação de importação de bens de produção, dado pela recessão e pelo aumento das incertezas. Ou seja, corremos o risco de ter uma recessão ainda maior por conta de um ajuste ainda mais severo, sem que as dificuldades de concorrência e de acesso à tecnologia sejam superadas.[20]

São, portanto, razões de outra natureza — de ordem estrutural e conjuntural — cujas determinações externas e internas se articulam na expressão de uma realidade muito mais complexa e contraditória, permeada de razões políticas (ao contrário do discurso asséptico, simplista e linear do neoliberalismo) que explicam as propostas neoliberais no Brasil.

A manutenção de uma recessão para atingir os objetivos pretendidos pelo ajuste neoliberal no Brasil, além de uma difícil sustentação política, atinge a sociedade de modo extremamente desigual. Mais uma vez o preço a ser pago pelos mais frágeis — os de baixa renda e os agentes econômicos de menor poder de concentração de capital e menor capacidade de operação de sua própria liquidez — é muito alto.

Política e socialmente torna-se cada vez mais difícil, no Brasil, a manutenção desse tipo de ajuste neoliberal com uma recessão tão profunda, prolongada e generalizada, cujos efeitos "estabilizadores" pretendidos parecem ser, além de remotos, bastante questionáveis. Esses efeitos podem ser verificados por meio de alguns indicadores que já evidenciam uma recessão profunda, um recrudescimento da inflação e, sobretudo, uma precarização da situação social (desemprego, baixos salários etc.) aliada a uma "pauperização" das políticas sociais, o que agrava ainda mais a situação, como se verá adiante.

IV
O IMPACTO DO AJUSTE SOBRE A DESIGUALDADE SOCIAL E A POBREZA: o agravamento de velhos problemas e o surgimento de novas exclusões sociais

O contexto latino-americano

Em contraposição àqueles que defendem a "neutralidade" das políticas de ajuste (como FMI e Banco Mundial), é possível detectar posições de diversos organismos internacionais (como Nações Unidas, OMS, PNUD, Unicef, "Population Crisis Committee" de Washington), que apontam como *causas da pobreza* a distribuição extremamente desigual dos efeitos não apenas da crise econômica, mas das *políticas de ajuste ortodoxas*, recaindo sempre sobre os setores mais desfavorecidos; as estruturas extremamente assimétricas de distribuição de renda; as debilidades da política social e os ataques permanentes de setores influentes à própria legitimidade do gasto social, entre outras. Como exemplo dos *efeitos das drásticas políticas de ajuste* para a América Latina, um representante da Organização Mundial da Saúde (OMS) já destacava no início dos anos 90 "o descuido com as obras de saneamento ambiental, o estado lamentável da infra-estrutura de saúde e o desabastecimento de água, fatores que podem converter a epidemia do cólera em uma endemia num futuro imediato",[21] própria de situações de extrema pobreza. As Nações Unidas alertavam, em 1990, que a pobreza era a principal causa de morte na América Latina (aproximadamente 1,5 milhão de mortes por ano), atingindo 2 mil crianças por dia; sendo que as mulheres — responsáveis pela chefia de 40% das famílias da região — são particularmente afetadas, pagando grande parte da carga do ajuste.

A evolução dos indicadores sociais na América Latina não é absolutamente linear e, nas últimas duas décadas, apresenta fortes traços de retrocesso em dois sentidos. O primeiro é o de que alguns (poucos, mas importantes) avanços sociais obtidos na América Latina, a partir das políticas de ajuste estrutural adotadas no continente, correm o risco de desaparecer e/ou sofrer perdas consideráveis do ponto de vista da proteção social que proporcionavam. O segundo diz respeito ao surgimento de um quadro social, demográfico e epidemiológico que, além de incorporar características que seriam típicas do chamado processo de transição em direção à "modernidade" — desregulamentação do mercado de trabalho, desemprego, envelhecimento da população e doenças e agravos considerados dos países desenvolvidos —, não só *não* deixa para trás as antigas características sociais e moléstias da nossa população como, pelo contrário, o que se registra, cada vez com mais intensidade, é o recrudescimento de antigos problemas em todos os âmbitos — precarização do trabalho; piora da infra-estrutura pública; volta de endemias e agravamento de doenças que já estavam sob controle (como a tuberculose); aumento do número de mortes por causas evitáveis etc. Afora isso, a população mais pobre, que antes era a que mais padecia dos problemas do "atraso" — como as doenças infecto-contagiosas —, agora *também* sofre com as altas taxas de prevalência e incidência dos chamados agravos "modernos": hoje em dia também morre de câncer, de Aids, de doença cardiovascular, sem falar dos agravos mais agudos que assolam nossas cidades, os acidentes e violências.

Do ponto de vista demográfico, também combinamos o fenômeno do envelhecimento da população — com todas as suas implicações para a saúde e a seguridade social — com a manutenção de um "estoque" de jovens que pressiona por mercado de trabalho; além de um número ainda elevado, em termos absolutos, de crianças que estão nascendo, para a maioria das quais não conseguimos até então dar condições mínimas de sobrevivência.

Seriam todas essas características "naturais" e "necessárias" a um suposto processo de evolução? Seriam as "dores do crescimento"? Certamente que não. O preço que vem sendo pago por um contingente crescente da população latino-americana em nome de uma modernização importada não é absolutamente necessário. A idéia de *retrocesso* fica ainda mais nítida quando verificamos que o agravamento das condições sociais de milhões de latino-americanos é causado por políticas deliberadas no campo econômico e institucional, por meio das chamadas políticas de ajuste estrutural impostas aos países do Terceiro Mundo, e que, no caso da América Latina, vêm sendo implantadas desde os anos 80.

É nesse cenário, portanto, de franco *retrocesso* social, que se analisam os aspectos econômicos, sociais, demográficos e epidemiológicos que constituem um quadro complexo e heterogêneo, com poucos avanços e muitos retrocessos. Este é um quadro incompatível e muito distante daquilo que nos vem sendo prometido como uma *transição* ("necessária", segundo alguns) em direção à modernidade e/ou ao Primeiro Mundo.

A maioria dos países latino-americanos sofreu retrocesso muito pronunciado em matéria de eqüidade durante a chamada crise dos anos 80 e os posteriores processos de ajuste estrutural, de modo que no início dos anos 90 sua distribuição de renda era ainda mais concentrada que ao final dos anos 70. O fenômeno indicador da maior desigualdade na distribuição da renda na maioria dos países da região foi a acentuada disparidade entre o rendimento dos 40% mais pobres — que não chega a atingir a metade da renda média nacional — e o rendimento dos 10% mais ricos — que atinge mais de quatro vezes essa média. Em seis dos oito países examinados, essa diferença aumentou no início dos anos 90: a renda dos 10% mais ricos supera em cerca de dez vezes a dos 40% mais pobres.[22]

O aumento da desigualdade torna-se mais disruptivo do ponto de vista social quando, ao mesmo tempo, se expande a capacidade de consumo dos estratos mais altos da população e se reduz a dos mais baixos, especialmente quando os recursos destes últimos já eram insuficientes para adquirir bens de consumo básicos. O percentual da população em *extrema pobreza* aumenta, revertendo-se a tendência das três décadas do pós-guerra. Esse grupo de "extremamente pobres" ou "indigentes", definidos como aqueles cuja renda familiar não dá para comprar uma cesta básica de alimentos, foi o que mais cresceu entre os pobres, representando a metade dos mesmos.[23]

As remunerações médias (salários, aposentadorias e pensões), que representam cerca de 70% da renda dos domicílios que se situam em torno da linha de pobreza, não só não acompanharam a expansão do produto em alguns países ao final da década (como a Colômbia e o Chile), como caíram 25% em termos reais, em média, nos demais países onde se processaram ajustes. As quedas de renda por habitante foram acompanhadas, em vários casos, por uma piora na sua distribuição, de modo que reduções de renda inferiores a 25% como média representaram diminuições significativamente maiores nos domicílios vulneráveis que se situavam em torno da linha da pobreza.

Os escassos sinais indicativos de uma queda da concentração de renda observáveis nos países onde se reiniciou o crescimento econômico denotam a lentidão da recuperação dos níveis de renda das famílias de estratos médios e baixos. Esse crescimento econômico caracterizou-se, na realidade, por um curto período de expansão, com aumento do consumo e das importações, seguido de desaceleração, sobretudo no setor industrial. Os salários reais reduziram-se em magnitudes muito significativas, e em todos os países aumentou o percentual de assalariados em situação de "nova" pobreza.[24] Os custos do ajuste também são avaliados em termos da redução das remunerações do trabalho em geral, posto que caem também as receitas daqueles que trabalham no chamado setor informal, que passam a compartilhar sua renda com um número maior de ocupados ao atuar como "colchão" do desemprego aberto: o Prealc estima que a renda dos trabalhadores informais caiu 27%.[25]

A situação dos países em termos de insuficiência de renda no início dos anos 90 tendeu a tornar-se mais similar em termos proporcionais: em vários deles a incidência da pobreza medida nos domicílios tendeu a confluir em torno de 30%. No entanto, por trás dessa maior confluência dos dados proporcionais, encontram-se enormes diferenças em números absolutos de pobres, bem como *diferenças de infra-estrutura social muito significativas, incluindo as redes sociais estatais*. Dessa forma, a pobreza no início dos anos 90 acentuou-se especialmente nos países de maior tamanho econômico e populacional, como Brasil, Venezuela, Argentina e México. Os pobres urbanos tornaram-se mais numerosos que os pobres rurais. Parcela importante dos estratos médios tornou-se mais vulnerável aos efeitos das políticas de estabilização ou ajuste: ao agravamento da situação dos estratos de renda mais baixa acrescentou-se, como fenômeno digno de destaque, uma deterioração da qualidade de vida dos estratos medios urbanos, gerando uma "nova pobreza". Houve uma ampliação das diferenças de acesso aos bens e serviços que satisfazem as necessidades básicas vinculadas à habitação, a seus serviços, à educação e à saúde.

Em função de medidas de "reestruturação" e "flexibilização" do mercado de trabalho, constata-se, além da geração de desemprego aberto, a transferência de mão-de-obra de atividades de maior produtividade para outras de produtividade e renda mais baixas, com aumento da informalização e da inserção em serviços precários. A heterogeneidade produtiva e a desigualdade na distribuição da renda foram acentuadas, ao coexistirem setores "modernos", de cobertura mais limitada, com a expansão de atividades de baixa produtividade.

Os jovens que não estudam nem trabalham representam hoje uma proporção muito maior que no início dos anos 80, afetando principalmente aqueles pertencentes a famílias de baixa renda, constituindo-se num indicador do risco de marginalidade e de reprodução de famílias com elevada vulnerabilidade econômica e social. Por outro lado, amplia-se um "desajuste" crescente entre as remunerações desses jovens e seus níveis educacionais, o que foi chamado pela Cepal de "espaços de frustração". Isto se deu apesar de ao final da década passada e início desta terem sido observados em alguns países uma estagnação e inclusive retrocessos no nível educacional dos jovens, o que se atribui, por um lado, ao efeito retardado do período mais agudo da crise e, por outro, às drásticas medidas de ajuste econômico.

A participação das mulheres na economia continua a aumentar, sem que isso signifique um aumento na renda das famílias, persistindo uma marcada discriminação salarial. Por outro lado, isto ocorre num contexto que obriga as famílias a recorrer a estratégias de sobrevivência que implicam aumento da carga de trabalho doméstico, sem que se produzam avanços paralelos na cobertura dos serviços sociais de apoio para o cuidado das crianças.

Mesmo após a superação dos anos mais difíceis da crise econômica, com a concomitante redução das altas taxas de desemprego em alguns países, em outros, como o México e a Argentina, as taxas de desemprego permaneceram altas por conta das políticas de ajuste ali implementadas. Por outro lado, os avanços registrados em alguns países no campo do emprego no final da década de 80 não foram suficientes para reduzir de forma significativa o percentual de população em situação de pobreza nem para diminuir as desigualdades na distribuição de renda.

Outros dois fenômenos relativos ao mercado de trabalho, e com um forte impacto na área social, são apontados: a perda da importância relativa do assalariamento em contraposição à produção independente, e a redução na proporção de trabalhadores vinculados à Previdência Social.

Com relação ao emprego público, as fortes contrações do gasto fiscal e os processos de privatização de empresas públicas, ocorridos em função dos programas de ajuste estrutural, exerceram um impacto negativo sobre o emprego menor do que sobre as remunerações dos assalariados do setor público. Essas perdas salariais redundaram em um aumento do percentual dos empregados públicos em situação de pobreza: em vários países, marcadamente na Argentina, Brasil, México, Venezuela e Paraguai, o número de afetados pela pobreza no setor público cresceu em maior proporção que o total de ocupados, revelando que os assalariados com renda mais próxima ao valor da linha de pobreza sofreram perdas maiores. É bom lembrar que a Cepal afirma que essa situação de baixa remuneração e aumento dos percentuais de pobreza que afetam os empregados do Estado limita as próprias possibilidades de reforma e "modernização" do setor público.

Ao término dos anos 90, a situação social na América Latina não apenas não melhora com relação ao período anterior, como em alguns países, com a entrada (no caso do Brasil) e com o aprofundamento dos processos de ajuste (Argentina, México, Peru, entre outros), ela apresenta fortes evidências de deterioração e retrocesso social.

A própria Comissão Econômica para a América Latina (Cepal[26]), ao apresentar o panorama social dos anos 90, reconhece que a América Latina é a região do mundo onde a renda se distribui da forma mais ineqüitativa. A média dos coeficientes de Gini para os nossos países é de 0.56, ou seja, quinze pontos a mais do que os países desenvolvidos ou os do Sudeste Asiático, e apenas comparável à média africana.

Em uma síntese sobre as mudanças no nível e na distribuição de renda dos domicílios em treze países latino-americanos,[27] encontramos alguns achados muito significativos. O primeiro deles é que, seja qual for o indicador escolhido, o Brasil assume a liderança como país que possui a *pior distribuição de renda*, algumas vezes acompanhado pela Colômbia. Assim, verifica-se que em ambos os países 25% dos domicílios mais pobres se apropriam apenas de 5% da renda, enquanto os 10% mais ricos ficam com 43%. Na outra ponta está o Uruguai, onde essa distribuição é mais "equilibrada": 11,8% para os quartis mais pobres e 25% para os mais ricos.

O indicador mais assustador, no entanto, é o percentual de domicílios cuja renda é menor que a renda média (entendida esta como a renda mensal *per capita* média dos domicílios dividida pelo valor da linha de pobreza *per capita*): *todos os países selecionados possuem mais de 70% dos seus domicílios nessa situação!* O Brasil e a Colômbia assumem mais uma vez a liderança, *com 76% (!)*, sendo que o limite inferior, de novo com o Uruguai, não é muito animador: 67% dos domicílios com uma renda domiciliar *per capita* que mal deve alcançar à subsistência.

Na América Latina a participação dos domicílios *pobres* no total de domicílios passou de 35% em 1980 para 36% em 1997, o que significou um incremento de 68,1 milhões no número de pobres (que aumentou de 135,9 milhões para 204 milhões nesse mesmo período), representando um aumento de 150%. Por outro lado, a *indigência*, fenômeno muito mais grave que a pobreza segundo a Cepal,[28] se manteve em 15% do total de domicílios nesse período, acrescentando ao contingente de indigentes 27,4 milhões de pessoas, com um *crescimento de 144% entre 1980 e 1997!*[29] Se desagregarmos a pobreza e a indigência por áreas urbanas e rurais temos que, em 1995, enquanto 38% dos domicílios urbanos encontravam-se abaixo da *linha de pobreza*, na área rural 56% dos domicílios estavam nessa situação. Abaixo da *linha de indigência* temos 11% dos domicílios urbanos e 34% dos domicílios rurais. A pobreza e a indigência são, portanto, mais severas na área rural. No entanto, em termos absolutos é evidente a supremacia dos centros urbanos, sobretudo os metropolitanos.

Como essa situação de pobreza e indigência não é homogênea entre os países, podemos agrupá-los em alguns graus de pobreza. Quando situamos os *domicílios rurais* abaixo da linha de pobreza, temos que Guatemala e Honduras possuem 66% dos seus domicílios nessa situação; Brasil, Colômbia, México, Panamá, Peru e Venezuela estão na faixa entre 34% e 65%; enquanto Argentina, Costa Rica, Chile e Uruguai possuem até 33% dos seus domicílios rurais em situação de pobreza. Já a *pobreza urbana* é considerada *baixa* na Argentina e no Uruguai, com menos de 15% dos seus domicílios urbanos abaixo da linha de pobreza; *média* no Chile, Costa Rica e Panamá (de 15% a 30%); *alta* no Brasil, Colômbia, México, Peru e Venezuela (de 31% a 50% — faixa, por sinal, bastante extensa); e *muito alta* na Bolívia e Honduras (com mais de 50% dos seus domicílios em situação de pobreza).

Aos problemas de distribuição da renda e de indigência, agrega-se uma *nova pobreza*, fruto explícito das novas políticas de ajuste para a América Latina que vêm provocando taxas de *desemprego* aberto jamais vistas anteriormente nas cidades latino-americanas (em algumas, como São Paulo e a grande Buenos Aires, com taxas próximas a 20%). Na maioria dos países latino-americanos aumenta o *desemprego urbano* no período 1990-97.[30] Na Argentina o percentual de desempregados urbanos dobra, pulando de 7,4% (que já é um patamar elevado) para 14,9%. Seu impacto em termos absolutos tem sido gigantesco: milhões de desempregados concentram-se hoje nas áreas metropolitanas. A distribuição desse desemprego, embora tenha atingido a todos os setores da sociedade, se mantém com taxas elevadas nas famílias de mais baixa renda e entre os jovens. Ao contrário do que se afirma de forma corrente, a correlação desemprego — instrução nem sempre ocorre. A mesma Cepal afirma que esse desemprego, sobretudo no que concerne aos jovens, vem acompanhado de um incremento da escolaridade, o que gera os já apontados "espaços de frustração" entre a qualificação obtida pelos jovens e as possibilidades de empregos compatíveis.

Paralelamente ao desemprego, o *subemprego* — definido como aquele trabalho com uma remuneração inferior ao valor mínimo estabelecido em cada país[31] — se constitui num dos problemas mais graves na América Latina: em 1996, no Peru, 48% da população estava subempregada, e na Colômbia, 15% em sete áreas metropolitanas.[32] *Estima-se que na América Latina entre 20% e 40% da população empregada receba uma renda inferior ao mínimo necessário para cobrir a cesta básica*;[33] *ou seja, segundo critérios da Cepal*, abaixo da linha de indigência!

Com relação à estrutura do emprego não agrícola na América Latina no qüinqüênio 1990-1995, o *trabalho informal* se afirma como a principal fonte geradora de emprego: 84% das novas ocupações criadas nesse período corresponderam a atividades informais. O chamado setor informal,[34] que já era responsável por 51,6% das ocupações, aumenta sua participação para 56,1%; enquanto o setor formal vê reduzida sua participação de 48,4% para 43,9%, reduzindo-se o emprego formal tanto no setor público quanto no privado.[35]

O problema está na heterogeneidade desse chamado "setor informal": entre os países e dentro deles se constituem estratos cada vez mais diferenciados de trabalhadores — que incluem desde o pessoal de empresas multinacionais e nacionais, de médias, pequenas e microempresas, até os trabalhadores dos setores mais pobres, concentrados em atividades de sobrevivência —, o que acentua a ineqüidade social e sanitária.

Outro conjunto de fatores que agrava as condições de emprego, tornando-as cada vez mais precárias, são as chamadas *políticas de "flexibilização"* por parte das empresas, facilitadas pelas reformas das leis trabalhistas em curso na maioria dos países latino-americanos. Essas políticas afetam a estabilidade no emprego, a extensão da jornada de trabalho, o regime de férias e, sobretudo, as remunerações. Nesse contexto caracterizado pela generalização do trabalho precário, os trabalhadores — em particular os jovens sem capacitação prévia — se vêem obrigados a aceitar situações trabalhistas muito desfavoráveis, podendo inclusive ser despedidos se decidem sindicalizar-se. Nesse sentido cabe registrar que o percentual de trabalhadores sindicalizados na América Latina está caindo (com relação à população ocupada vai de 42% na Argentina, passando por 7,8% no Peru, chegando a 2,9% na Guatemala), o que reduz suas possibilidades de melhoria das condições de trabalho. Esses trabalhadores passam a constituir um setor com maiores riscos de sofrer acidentes e doenças ocupacionais.[36]

Como um dos grupos de indicadores mais evidenciam a situação social, os indicadores de saúde na América Latina apresentam uma crescente diversidade e superposição de situações e problemas. Por conta dessa heterogeneidade — mas, sobretudo, considerando os retrocessos que também se apresentam no quadro epidemiológico —, não se pode afirmar, de maneira tão tranqüila, que "a situação de saúde continua melhorando de modo contínuo", tal como está no último relatório da Organização Pan-americana de Saúde sobre a situação de saúde nas Américas.[37]

Esse mesmo relatório ao analisar, mais adiante, a redução da mortalidade nos primeiros anos de vida por doenças transmissíveis reconhece que a intensidade e a rapidez dessa redução não foram homogêneas nos países, subsistindo, e em alguns casos ampliando-se, as desigualdades entre eles. Por outro lado, a mortalidade por doenças não transmissíveis responde por cerca de dois terços de toda a mortalidade na América Latina e o Caribe. Estima-se que a razão de mortes por doenças crônicas e degenerativas com relação às doenças infecciosas e parasitárias — que foi de 5,1 em 1985 — aumentará pelo menos o dobro para o ano 2000. Some-se a esse quadro as chamadas "causas externas" — acidentes e violências —, grupo que, além de liderar o risco de morte em determinadas faixas etárias do sexo masculino, apresenta uma diversidade de fatores causais cuja determinação social torna muitíssimo mais complexas as intervenções no âmbito da saúde.

O baixo tamanho para a idade de origem *nutricional*, que é um reflexo de períodos de alimentação inadequada, em alguns países atinge metade dos pré-escolares e escolares, o que é ainda mais grave, com óbvias implicações para o desenvolvimento físico e intelectual necessário para a escolarização dessas crianças.

O saneamento básico, sabidamente fator determinante na morbi-mortalidade infantil por doenças transmissíveis, também apresenta indicadores contraditórios, embora na média para a região alguns indicadores sejam mais favoráveis — como o fato de a maioria da população contar com água potável (com conexão domiciliar ou "fácil acesso"). Outros, como o destino dos dejetos e o tratamento das águas servidas, são bem menos favoráveis, além da persistente e marcante diferença urbano-rural. Na América Latina o aumento desordenado da população metropolitana trouxe um processo de periferização que vem acompanhado de péssimas condições de saneamento para as populações que aí residem.

Nesse sentido, além dessa quantificação e distribuição da pobreza, torna-se relevante avaliar, particularmente nos contextos de ajuste com contenção de investimentos públicos, as *condições de acessibilidade dos pobres aos serviços básicos* de suprimento de água, esgoto sanitário, coleta de lixo, saúde e educação. Esses itens possuem forte peso no orçamento não monetário das famílias de baixa renda, sendo, dessa forma, relevantes para fins de complementação da renda real dos pobres. Todos os indicadores demonstram as *más condições de acesso a serviços básicos, sobretudo nas periferias das grandes cidades*. Dessa forma, *a pobreza metropolitana fica mais bem qualificada quando se levam em conta as carências de saneamento, habitação, assistência médica e educação, as quais não dependem essencialmente de acréscimos marginais da renda, e sim dos investimentos do setor público.*

No Brasil, a desagregação dos dados segundo *centro e periferia das regiões metropolitanas* não apenas confirma como, de certa forma, agrava as constatações feitas acima: as carências mais agudas também ocorrem nas *periferias das metrópoles*. Destaca-se, no entanto, que, em função das *baixas taxas de investimento público verificadas nos últimos anos, condições inadequadas ou mesmo críticas de acesso aos serviços básicos não são um "privilégio" apenas das regiões metropolitanas menos desenvolvidas*. Os pobres da periferia do Rio de Janeiro são tão mal servidos por abastecimento de água quanto os de Recife, assim como os da periferia de Belo Horizonte amargam condições de acesso ao esgotamento sanitário tão graves quanto os das periferias de Salvador ou Fortaleza.

Também ao desagregar os dados relativos à pobreza como *insuficiência de renda* (sendo pobres aqueles cuja renda está abaixo da linha de pobreza, conforme visto acima), verifica-se que as periferias apresentam, sistematicamente, proporções de pobres mais elevadas que o núcleo, de modo que pode-se falar de *periferização da pobreza como padrão de localização dos pobres nas metrópoles*.

Relacionado ao anterior, a *mortalidade infantil* continua sendo um indicador extremamente sensível às condições de vida. Seu comportamento tem permitido também demonstrar o impacto das ações de saúde quando estas são desenvolvidas de forma efetiva e permanente. Segundo estimativa feita para vinte países da América Latina —[38], representando cerca de 97% da população e 98% dos nascimentos —, a mortalidade infantil passou de 127 no qüinqüênio 1950-55 para 40 no período 1990-95, o que ainda representa cerca de 460 mil mortes anuais de crianças menores de um ano na América

Latina. Ao analisar por países, vemos que alguns se situam acima da média, como o Peru (com 55) e o Brasil (com 47); enquanto outros ficam bem abaixo dela, como Cuba (com 10) — perto do Canadá com 7 —, e outros bem próximos, como o México com 37 mortes de menores de um ano por mil nascidos vivos.

Por outro lado, ao analisar as tendências da mortalidade infantil por grandes grupos de causas, constata-se que no qüinqüênio 1990-95 os dois grupos mais importantes continuam sendo as doenças transmissíveis e as perinatais, em mais uma clara demonstração de que a chamada "transição epidemiológica" não se aplica quando se trata de morbi-mortalidade infantil na América Latina. Apesar de diminuírem as taxas por doenças transmissíveis, elas continuam sendo dez vezes maiores que as do Canadá. Já as causas perinatais predominam na maioria dos países, variando sua relação com as transmissíveis (em Cuba e Costa Rica elas são mais de duas vezes maiores, enquanto no Brasil, Chile e Colômbia essa proporção chega a uma vez e meia).[39]

No grupo de 1 a 4 anos, as doenças transmissíveis vêm acompanhadas das causas externas, representando ambos os grupos aproximadamente de 40% a 80% do total de mortes nessa faixa etária, com maior concentração nos valores em torno de 50%.[40] Em países como Brasil, Nicarágua, El Salvador, Colômbia e México, ainda predominam as doenças transmissíveis como causa nesse grupo etário, evidenciando a convivência entre diferentes patamares de desenvolvimento econômico com situações epidemiológicas típicas do atraso, como são as doenças transmissíveis e, entre elas, as chamadas doenças prevalentes da infância, em sua maioria preveníveis por imunização.

A saúde do *adolescente e do jovem* passou a constituir-se em objeto de preocupação e intervenção públicas, para além daquelas específicas do setor saúde. O perfil epidemiológico nesse grupo — alta mortalidade por causas externas, abuso de drogas, delinqüência, gravidez e abandono escolar — encontra-se profundamente relacionado a uma complexa causalidade social que envolve a privação econômica extrema, antecedentes familiares de conflitos e problemas comportamentais, gerando a absoluta falta de um ambiente protetor, o que é agravado pela crescente ausência ou retirada do poder público das coletividades extremamente carentes ou "marginalizadas" onde vivem esses adolescentes. Estes têm sido as principais vítimas da *violência, fenômeno social que atingiu proporções epidêmicas nos países da América Latina*: das mortes causadas por homicídio na região das Américas, 29% foram de adolescentes de 10 a 19 anos de idade. Em dez dos vinte e um países com mais de 1 milhão de habitantes, o homicídio ocupa o segundo lugar entre as principais causas de morte do grupo de 15 a 24 anos de idade e é uma das cinco principais causas em dezessete desses países. Outro indicador impactante, com efeito direto sobre os serviços de saúde, é a mortalidade materna como uma das principais causas de morte das adolescentes nos países da América Latina, onde o risco de morrer por causas relacionadas com a gravidez e o parto é cinqüenta vezes maior do que no Canadá ou nos EUA.[41]

Um indicador que sintetiza as condições em que vive essa parcela extremamente vulnerável da população latino-americana é o *trabalho de crianças e adolescentes* (menores de 15 e de 15 a 18 anos, respectivamente), que coloca em risco ou mesmo impede sua educação e desenvolvimento social, físico e mental, ao mesmo tempo em que reduz ou elimina suas possibilidades de sair da pobreza. As condições de trabalho dessas crianças costumam ser as piores possíveis: jornadas prolongadas e menores remunerações, sem falar nos inúmeros casos de trabalho forçado. As crianças que trabalham agregam aos problemas associados à pobreza — como a desnutrição, a anemia, a fadiga e a maior exposição a epidemias — os riscos adicionais derivados das péssimas condições sanitárias dos seus locais de trabalho.

Segundo dados da OIT para 1996, o trabalho infantil vem aumentando nos países da região: a metade das quinze (15) milhões de crianças que trabalhavam na América Latina (sem considerar o trabalho doméstico) tinha entre seis (6) e quatorze (14) anos, o que representa de 20% a 25% do total de crianças nessa idade. Nesse mesmo ano, em vários países, mais de 10% da população de dez (10) a quatorze (14) anos de idade estava incorporada à força de trabalho: Haiti (25%), Guatemala, Brasil (!) e República Dominicana (16%), e Bolívia e Nicarágua (14%). Já segundo a Cepal (1998), com base em pesquisas domiciliares dos respectivos países, a proporção de crianças e adolescentes entre treze (13) e dezessete (17) anos de idade que trabalhavam no Brasil em 1995 subia para 29%, superado apenas pelo Paraguai com 31%! Essa proporção sobe assustadoramente para 60% e 66% nesses mesmos países, respectivamente, quando se trata da área rural. O Chile era, em 1994, o país com a menor proporção de trabalho adolescente (4,9% na área urbana e 14% na área rural) dos países listados pela Cepal.

Ao analisar o perfil desse trabalho, a OIT aponta que na América Latina a maioria das crianças que trabalham é assalariada (entre 60% e 70% das crianças que trabalham nas áreas urbanas e entre 45% e 50%

nas áreas rurais). O trabalho familiar não remunerado representa entre 40% e 45% e apenas uma pequena proporção de crianças (de 10% a 15%) trabalha por conta própria. No mesmo grupo estudado pela Cepal de 13 a 17 anos, o percentual da renda total dos domicílios que é aportada por essas crianças e adolescentes gira em torno de 20%, sendo a maior contribuição aquela aportada pelos adolescentes argentinos (27,3% em 1994) e a menor a dos uruguaios (16,2%) (Cepal, 1998).

Quando se analisa a desigualdade social na América Latina, podemos constatar como as melhorias sociais estão relacionadas com o investimento público na infra-estrutura social, bem como com a oferta de serviços, particularmente na área da saúde, em que se ampliou o acesso ao progresso técnico. Com a persistência do desmonte do aparato estatal e a continuada ausência de investimento público social, já se verificam tendências de deterioração de alguns indicadores sociais que vinham apresentando uma evolução favorável em décadas passadas.

Longe de apresentar uma "transição" no sentido de uma evolução em direção a um futuro melhor, acreditamos, infelizmente, pelo exposto acima e por estudos acumulados ao longo destes anos, que a América Latina vem apresentando uma combinação perversa de avanço para poucos e retrocesso para muitos.

São as políticas de ajuste impostas aos países latino-americanos que impedem, no momento, mudanças que permitam uma verdadeira *transição* a uma sociedade mais justa, *em que as mudanças sociais, demográficas e epidemiológicas sejam efetivamente o retrato de um desenvolvimento social com mais eqüidade*, fruto de uma distribuição mais igualitária da riqueza e das oportunidades.

O Brasil pós-Plano Real

O âmbito deste ensaio permite apenas introduzir alguns elementos da discussão do agravamento da pobreza pós-estabilização econômica — concretamente no caso brasileiro, após o Plano Real.

Em extenso levantamento dos estudos sobre a pobreza no Brasil,[42] constata-se a afirmação, por parte de um grande número de autores, de que a *renda, de forma isolada, é fator insuficiente para mensurar a pobreza nas suas múltiplas dimensões*. Nos estudos que pretendam dar uma visão mais abrangente e completa da pobreza no Brasil, a tendência é a de incorporar na análise outras variáveis sociais, além da renda, construindo, ou não, indicadores sintéticos. Tendência essa, por sinal, observada também em alguns estudos internacionais que comparam as situações de desigualdade social e pobreza entre países.[43]

Na mensuração da pobreza pela *renda* surgem, pelo menos, dois grandes problemas. O primeiro refere-se a que variável de renda utilizar. A maioria dos autores brasileiros tem adotado a *renda familiar per capita* como sendo aquela que levaria em conta todos os rendimentos dos membros da família, o tamanho da família e seu papel como unidade redistributiva da renda.[44] No entanto, esta variável é tida como estática. Fatores como a redução do tamanho das famílias brasileiras e a incorporação de um número crescente de membros da família no mercado de trabalho, contribuindo para o aumento da renda familiar, não são levados em conta.

Escolhida a variável, o segundo problema refere-se à *definição do valor da linha de pobreza* que separa os *pobres* dos *não-pobres*. Esta linha de pobreza é o *aspecto mais controvertido na mensuração da pobreza absoluta.* Cada definição e metodologia produzirão um resultado diverso, mais ou menos otimista sobre a evolução da pobreza.[45]

Estabelecido o valor dessa *linha divisória*, resta saber o que ela efetivamente representa em termos do que se considera hoje no Brasil "potencial de consumo" por parte dos pobres. Achar, por exemplo, que com um quarto, meio ou até um salário mínimo, mesmo em "tempos de estabilidade", o pobre poderá atender suas "necessidades básicas no âmbito do consumo privado"[46] é, no mínimo, de uma total frieza estatística e de um absoluto distanciamento da realidade.

Em estudo que aponta para a melhoria da pobreza absoluta entre 1994 e 1996 nas seis principais regiões metropolitanas do país, Rocha (1996) baseia-se exclusivamente na *renda*. Os valores encontrados para a linha de pobreza — que, segundo a referida autora (ibid.), refletem a estrutura de consumo[47] da população de baixa renda em cada uma das regiões metropolitanas estudadas (não fica explicitado o que essa "estrutura de consumo" inclui) — não chegam, em nenhuma das regiões (nem em São Paulo, que apresenta o maior valor), a 100% do salário mínimo. *Esses valores permitem, na melhor das hipóteses, adquirir uma cesta básica de alimentos.* Isto, segundo a Cepal,[48] utilizando critérios comparativos entre países latino-americanos, representa o valor da *linha de indigência*, que está *abaixo da linha de pobreza*. Esta incluiria, além do valor da cesta básica, o valor estimado para o atendimento de outras necessidades essenciais, como vestuário, habitação, transporte, educação, medicamentos, entre outros. Esses serviços básicos, com o corte dos investimentos públicos no período pós-Plano Real, ficaram, em sua maioria, à mercê do "mercado" — sofrendo uma elevação real de preços —, tornando piores, sobretudo para os mais pobres, suas condições de acesso.

Se optarmos pelo critério de renda, além da mensuração da incidência da pobreza absoluta, torna-se necessário também avaliar quanto a *insuficiência de renda* — medida pela diferença entre a renda média dos pobres e a linha de pobreza — se altera no tempo. *Cabe registrar que ela se amplia nos anos 90,*[49] *significando que os pobres do "pós-Plano Real" ficaram ainda mais pobres, com uma renda familiar per capita média inferior ao período anterior, que já era bem baixa!*

Se tais resultados não podem ser atribuídos exclusivamente ao Plano Real, é possível, sim, afirmar que, em sua vigência, as políticas econômicas e sociais não foram (e continuam não sendo) capazes de reverter o quadro de pobreza e exclusão social. Pelo contrário, além de não reduzir a pobreza, gerou um sem-número de novas formas de exclusão social, na medida em que agravou as condições de emprego e trabalho (informalização, diminuição dos salários e corte dos, já reduzidos, direitos sociais) e criou um desemprego cuja dimensão supera qualquer outra marca histórica já vista no Brasil.

O *trabalho informal* cresceu 62% na década. O último levantamento oficial a respeito[50] nas seis principais regiões metropolitanas do país (São Paulo, Rio de Janeiro, Porto Alegre, Belo Horizonte, Salvador e Recife) revela que o número de pessoas ocupadas sem carteira assinada cresceu 62% entre 1990 e 1999. Em São Paulo, esse crescimento foi de 81%! Essa tendência tende a agravar-se: entre as 217 mil pessoas que entraram no mercado de trabalho paulista no ano passado, 57% (ou 157.312) estão trabalhando sem carteira assinada. No Brasil praticamente todo o acréscimo de pessoas ocupadas no último ano ocorreu no mercado informal: das 433 mil pessoas que entraram no mercado de trabalho no período, 78% não assinaram carteira. Levando em consideração apenas as seis principais regiões metropolitanas, o levantamento do IBGE[51] indica que existem 4,4 milhões de pessoas trabalhando sem carteira. Este número é ainda mais assustador quando são incluídos os 3,8 milhões que, segundo a mesma pesquisa do IBGE, trabalham "por conta própria". A grande maioria desses "autônomos" também está na informalidade.

Como um importante indicador da precarização das relações de trabalho, a informalidade se reflete na proporção daqueles que contribuem para a Previdência Social. A já historicamente baixa proporção de trabalhadores ativos contribuintes — pouco mais da metade — se reduz a menos da metade a partir de meados dos 90. A proporção de pessoas ocupadas com carteira assinada (ou seja, contribuintes da Previdência Social) diminuiu de 56,9% em 1990 para 44,5% em 1999, significando uma queda de 12,6%.[52] Isto traz óbvias implicações para a já instável situação de financiamento da Seguridade Social no Brasil, situação essa que vem sendo justificativa para a Reforma da Previdência com corte linear nos benefícios sociais (Soares, 1999b).

Associado à crescente informalização está o *desemprego*, seguramente o custo social mais alto que se está pagando hoje pelo ajuste. A indiscriminada abertura comercial dessa década, além de acelerar "o encolhimento relativo" dos empregados no setor formal, provocou enorme destruição de postos de trabalho na indústria — da ordem de 30% a 35% dos existentes em 1989 —, o equivalente a pelo menos 1,5 milhão de empregos.[53]

O desemprego aberto medido pelo IBGE[54] no Brasil tem mantido a taxa média entre 7% e 8%, atingindo, em janeiro deste ano, 7,6%, a segunda maior taxa desde janeiro de 1984 (7,5%). Em algumas regiões metropolitanas, as taxas foram superiores, como em Salvador (Bahia) com 11,3%, e São Paulo com 8,2%.

Ao contrário dos que afirmam que a ausência de qualificação é a causadora do desemprego no Brasil, pode-se comprovar que a dita reestruturação da economia brasileira redundou na demissão do trabalhador qualificado, adulto, homem, relativamente mais bem remunerado ainda que com menor escolaridade, resultando na contratação de jovens e mulheres em ocupações de baixa qualificação. Os salários pagos nos novos "empregos" são inferiores aos que remuneravam os postos de trabalho perdidos, apesar da maior escolaridade dos que assumiram os novos postos *vis-à-vis* àquela dos que ocupavam os postos perdidos.[55]

Enquanto crescem a informalidade e o desemprego, cai o rendimento daqueles que ainda conseguem permanecer trabalhando. Dados do próprio IBGE[56] indicam que a renda média dos trabalhadores brasileiros caiu 8% na década de 90, apresentando uma queda de 5,5% só em 1999. São Paulo, antigo líder das mais altas taxas de crescimento econômico e renda, passou a liderar a maior redução — 7,6% — dos salários em 1999 entre as seis principais regiões metropolitanas do país. Não por acaso: as maiores quedas foram registradas na indústria (-10,1%). Em segundo lugar estão os trabalhadores por conta própria, com uma redução da sua renda de 9,9%, o que desmistifica o discurso que o governo federal e a mídia vêm tratando de impor no Brasil de que a saída do trabalhador para aumentar sua renda seria trabalhar por conta própria. Outro mito derrubado é que na informalidade o trabalhador teria menos perdas de salário: em 1999, em São Paulo, não existiu praticamente diferença na queda de rendimento entre as pessoas ocupadas com carteira assinada (4,7%) e aquelas sem carteira (4,1%).

Essa tendência à queda no rendimento dos trabalhadores, após um período de recuperação pós-Plano Real, é atribuída ao crescimento do desemprego. Segundo "avaliação geral" publicada na imprensa,[57] "é melhor ganhar menos que não ganhar nada".

Para finalizar este ponto, retiramos da mesma imprensa uma comparação muito ilustrativa dos anos 90 *vis-à-vis* os anos 80, considerados como a "década perdida": "os dados, relativos ao rendimento médio, divulgados pelo IBGE, contrastam com os números registrados no auge do Plano Cruzado, por exemplo. Em 1986, os trabalhadores de São Paulo tiveram um aumento de 33% nos rendimentos".[58]

Talvez, ou certamente, a única resultante dessa situação que nos aproximou da tão almejada "modernidade primeiro-mundista" tenha sido a geração de uma "nova" pobreza. Para milhões de brasileiros, no entanto, que nem sequer conhecem o que seja Cidadania, em que reside a verdadeira modernidade, esta não passa de "uma perspectiva, que o mito do mercado, revivificado pelo projeto neoliberal [...] transformou em remota quimera. Em particular para aqueles que estão (literalmente) na rua e não têm como captar seus sinais" (Vianna, 1990).

V
O IMPACTO DO AJUSTE SOBRE A POLÍTICA SOCIAL:
o desmonte e as propostas de "reforma"

O quadro social resultante do ajuste, descrito no capítulo anterior, desencadeia um aumento na demanda por benefícios e serviços sociais. Nesse quadro, a proposta neoliberal é a de cortar ainda mais os gastos públicos, agravando a já iníqua situação de alocação de recursos para as *políticas sociais*. Essa perversa combinação vem gerando um círculo vicioso, cuja ruptura tem sido mascarada por propostas de "reformas" no âmbito social que nem sequer têm minimizado aquilo que se considera como "seqüelas transitórias" do ajuste. Pelo contrário, sob a denominação geral de "reformas" têm-se provocado na América Latina processos de desmonte dos incipientes aparatos públicos de proteção social.

Nesses processos, também se podem visualizar fortes fatores de *retrocesso*, sobretudo quando se levam em consideração certos avanços, como aqueles registrados em alguns países — com destaque para o Brasil — no que diz respeito à cobertura da Seguridade Social e ao acesso a uma infra-estrutura de serviços públicos básicos, que fizeram com que a situação social não se agravasse ainda mais. Todas as reformas dos sistemas previdenciários e/ou de seguridade social na América Latina levaram à sua privatização, com um enorme aumento dos seus custos e, sobretudo, com a redução das suas coberturas e exclusão crescente daqueles que não podem pagar diretamente por seus serviços e benefícios.

A substituição do gasto público social, como base de uma Seguridade Social universal, por formas de financiamento baseadas em fundos especiais com recursos externos, que mantêm de forma precária programas sociais focalizados e emergenciais, tem provocado na América Latina o agravamento da exclusão de vastos setores sociais que não têm como pagar pelos serviços básicos. No Peru, por exemplo, em torno de 70% da população carente não tem acesso ao serviço público de saúde, que hoje faz uma "cobrança seletiva". O frágil direito de cidadania que vinha sendo construído a duras penas em muitos países latino-americanos foi substituído por "atestados de pobreza" que permitem o acesso a precários e mal financiados serviços públicos.

Os anos 90 tornam ainda mais aguda a percepção da política social como aquela política que ordena "escolhas trágicas".[59] No entanto, as escolhas feitas pelos governos latino-americanos, desde o governo ditatorial do general Pinochet no Chile, têm sido *trágicas* no seu sentido literal. Diante do agravamento do quadro social, a opção por políticas sociais compensatórias de corte neoliberal tem trazido graves conseqüências para aquelas populações que, bem ou mal assistidas anteriormente, passaram a ser totalmente *desassistidas* pelo poder público. Ou seja, produz-se um *Estado de Mal-Estar*, mediante a desintegração do incipiente *Estado de Bem-Estar* existente na região, o que traz uma redução significativa da quantidade e qualidade de serviços e benefícios sociais prestados pelo setor público, com a exclusão crescente do segmento da população que mais necessita deles.

A concepção neoliberal ou o "Estado de Mal-Estar Social" na América Latina

No contexto neoliberal, a contradição acumulação-legitimação (marca do sistema capitalista) se coloca e se resolve em termos diferentes daqueles do Estado de Bem-Estar keynesiano. A partir da "naturalização" das desigualdades, o modelo devolve o conflito para o seio de uma sociedade fragmentada, onde os "atores" se individualizam, ao mesmo tempo que os sujeitos coletivos perdem identidade. Muda, portanto, a orientação da política social: nem consumos coletivos nem direitos sociais, senão que assistência focalizada para aqueles com "menor capacidade de pressão" ou os mais "humildes" ou, ainda, os mais "pobres". Dessa forma, o Estado Neoliberal ou de "Mal-Estar" inclui, por definição, uma feição assistencialista (legitimação) como contrapartida de um mercado "livre" (acumulação). Essa política de legitimação tem oscilado, particularmente nos países da América Latina, entre o assistencialismo e a repressão.[60]

Se a concepção hegemônica, que orienta finalmente a transformação do Estado, define a sociedade como um mero agregado de indivíduos que realizam seus interesses individuais, as ações que interfiram nesses interesses não podem ser legitimadas. Assim a saúde, a educação, a alimentação, o trabalho, o salário perdem sua condição de *direitos* — constitutivos de sujeitos coletivos — e passam a ser *recursos* (ou mercadorias) regulados unicamente pelo mercado. O não acesso a eles deixa de ser um problema do Estado, tornando-se um problema a ser resolvido no âmbito do privado.[61]

Também no enfoque neoliberal das políticas sociais podem-se identificar *nuances* no espectro limitado do seu receituário propositivo, embora este se oculte muitas vezes, até nos casos mais ortodoxos, sob a capa de um discurso "social". As supostas discrepâncias dizem respeito à participação do Estado na prestação direta dos serviços e ao financiamento dos mesmos através de impostos diretos ou indiretos, com diferentes graus de progressividade, ou diretamente através de contribuições.

Por trás das concepções ditas mais "doutrinárias", está a posição que concede menor relevância à função social do Estado, supondo que deve ser o próprio mercado aquele que cria condições de um desenvolvimento mais dinâmico e através dele devam solucionar-se os problemas de desemprego e de pobreza, destacando-se que a desigualdade permitiria que os setores de maiores ingressos tivessem uma maior poupança e favorecessem um maior investimento.

Também é diferente o tratamento dado aos sistemas de Previdência Social e seu financiamento. Aqui é colocada uma maior dificuldade em traçar uma linha divisória entre os dois enfoques (o "pragmático" e o "doutrinário"). Em ambos parte-se da preocupação de que o financiamento do Seguro Social não recaia sobre os "custos de produção" em prejuízo da "competitividade" das atividades produtivas nacionais frente ao exterior. Por outro lado, a não garantia dos avanços já obtidos nos Sistemas de Aposentadorias, por exemplo, costuma provocar conflitos sociais e políticos.

Tal como nos países centrais, a partir de uma profunda e prolongada crise econômica passa-se a questionar, na América Latina, o Estado de Bem-Estar Social (bastante incipiente no nosso caso), sobretudo no que diz respeito à presença do Estado como instância corretiva na distribuição da renda, através do sistema de transferências que opera com o financiamento e o gasto social. Monta-se uma catilinária contra o Estado, atacando sua ineficiência e apregoando a inutilidade do pagamento de impostos. Todo esse discurso ideológico encontra uma base real de sustentação. Por um lado, sob os efeitos combinados da crise e dos ajustes, conforma-se uma sociedade cada vez mais dual, onde os estratos médios tendem a diluir-se, congelando-se as perspectivas de mobilidade social. Produz-se um estado de desesperança crônica, derivada, como vimos, de uma contínua situação de retrocesso social, com renda e oportunidades de emprego decrescentes, e acesso restrito a postos de trabalho, mesmo os de baixa qualificação, baixa produtividade e baixos salários.

Por outro lado, diante da crise da presença do Estado na sociedade, constrói-se um discurso em favor do individualismo pragmático, deixando pessoas e grupos entregues à sua própria sorte ou, na melhor das hipóteses, a uma rede comunitária de solidariedade. Aumenta o descrédito com relação aos serviços sociais públicos, a essa altura já deteriorados e sobrecarregados.

Podem-se extrair traços comuns que configuram um perfil neoliberal de política social, o que equivale a caracterizar o processo de constituição de um "Estado de Mal-Estar" na América Latina.

O primeiro deles é o *comportamento pró-cíclico e regressivo* tanto do gasto como do financiamento do setor social. Os processos de ajuste latino-americanos concebem o gasto social como "elástico", reduzindo-o a um limite que deixa apenas sobreviver mecanismos compensatórios mínimos. Pelo lado do financiamento, ao considerar como elementos "rígidos" os subsídios ao capital e os impostos diretos sobre as rendas altas e a riqueza, restringe-se o mesmo a contribuições sobre folha de salários e impostos indiretos, ambos de conteúdo regressivo e pró-cíclico.

Como conseqüência do anterior, processa-se um *esvaziamento orçamentário dos setores sociais*. O caráter fortemente *regressivo* desse processo é ainda acentuado pela linearidade dos cortes no orçamento social que, ao contrário da tão apregoada seletividade, afetam de modo mais agudo os serviços sociais periféricos que atendem aos setores mais carentes e desprotegidos da população, que têm menor poder de pressão. Os gastos com investimentos são praticamente anulados, impossibilitando a expansão dos serviços e produzindo uma saturação dos mesmos por excesso de demanda. A redução dos gastos de custeio leva a uma falta crônica de insumos básicos (verificável, sobretudo, nas escolas e unidades de saúde) e a uma drástica redução dos salários reais dos funcionários. Isto se traduz numa situação de contínua degradação profissional e em condições de trabalho cada vez piores, generalizando uma queda na qualidade dos serviços. Cabe aqui destacar, por outro lado, um aspecto muito pouco analisado nos documentos oficiais e na bibliografia em geral: evidências empíricas, embora ainda não sistematizadas, demonstram que, em iguais condições materiais, o setor público apresenta muito mais qualidade em seus serviços sociais do que o setor privado. Isto é particularmente evidente na área de saúde, onde o setor público mantém os serviços de mais alto custo relativos aos problemas de maior complexidade e risco.[62]

A partir desse esvaziamento orçamentário, produz-se uma "ritualização"[63] dos ministérios sociais, na medida em que estes, ao carecer de recursos para transferir aos níveis locais, transformam-se em gestores, perante o Ministério da Economia e/ou Fazenda, dos fundos que são negociados entre os desmantelados sindicatos e grupos corporativos organizados sobreviventes (médicos, laboratórios etc.). A função ministerial fica reduzida a um ritual, sem possibilidade de determinar a orientação mais geral da política social: os ministérios sociais ficam sem políticas e sem possibilidades de implementá-las.

Outro traço comum nas estratégias neoliberais de (des)estruturação dos serviços sociais públicos é *a descentralização de serviços sociais*. Apesar de amplamente divulgada, essa estratégia, nos termos em que tem sido colocada, deixa inúmeras perguntas sem resposta: a descentralização resolve todos os problemas de eficiência, efetividade e eficácia dos serviços sociais? A descentralização/municipalização de serviços pode ser aplicada como estratégia única para todo tipo de situações? Qual a sua natureza, em que casos se aplica e como, e quais as especificidades e problemas a serem levados em conta na sua implementação? Na realidade, a descentralização tem se caracterizado pela mera transferência da responsabilidade sobre serviços completamente deteriorados e sem financiamento para os níveis locais de governo. Estes, de modo geral com menor poder de arrecadação que o nível federal, recebem tais serviços para fechá-los ou mantê-los num nível mínimo de funcionamento. Dessa forma, o nível central de governo libera-se de seus serviços, não para descentralizar de forma gradual e consistente um sistema, senão que para transferir um problema.

Em recente avaliação dos processos de *descentralização* da Educação e da Saúde na América Latina, denominados de "reformas", a Cepal (1998) aponta que, com respeito aos efeitos das "reformas", na prática se observam "limitados avanços em matéria de eficiência social"; em "matéria de eqüidade", existem evidências de que a descentralização pode ter contribuído para ampliar as brechas interterritoriais dos indicadores educativos e de saúde; e, ainda, que a descentralização foi considerada como importante fonte de corrupção e de perda de controle fiscal. Conclui afirmando que, sem um "adequado" desenho do sistema de transferências e de apoio nacional, a descentralização pode acentuar as diferenças inter-regionais.

A *privatização total ou parcial de serviços* constitui-se em estratégia que, de modo geral, acompanha a descentralização. Diante do agravamento e ampliação das carências nos países latino-americanos, cabe perguntar: a privatização tem sido a estratégia mais adequada para a obtenção de "maior eficiência" e "maior justiça social", ou seja, reservando para os "pobres" os serviços públicos? Ela obteve resultados em termos de redução do gasto público? É possível abrir mão do caráter público dos serviços sociais e, portanto, da gestão estatal em última instância? Quem se beneficia de fato com a privatização dos serviços sociais? A principal conseqüência da privatização tem sido, na realidade, a introdução de uma *dualidade discriminatória*: serviços melhores para quem pode pagar (privados), e de pior qualidade ou nulos para quem demanda o acesso "gratuito".[64] Introduz-se a falsa idéia do "autofinanciamento" dos serviços. A experiência chilena de privatização dos serviços de saúde, introduzindo tarifas pretensamente seletivas nas unidades públicas de saúde, além de restringir o acesso, demonstrou a sua ineficácia em aumentar o volume de recursos do setor, já que a grande maioria da população que procurava esses serviços não tinha condições de pagar por eles.

Por outro lado, ao contrário do que se apregoa no ideário neoliberal, e ainda à luz da experiência do Chile, a total privatização do seguro social elevou consideravelmente os custos do sistema, que foram sistematicamente cobertos, em casos de inadimplência (crescente), por recursos públicos.

Uma das estratégias neoliberais mais disseminadas, e que acompanha as duas anteriores (descentralização e privatização), é a *focalização*. A idéia é a de que os gastos e os serviços sociais público/estatais passem a ser dirigidos exclusivamente aos pobres. Ou seja, somente aqueles *comprovadamente pobres*, via "testes de pobreza" ou "testes de meios" (baseados nos *means tests* dos programas sociais norte-americanos), podem ter acesso aos serviços públicos. No âmbito das políticas sociais, a estratégia da focalização é o correlato da individualização da força de trabalho e da possibilidade estrutural da exclusão de uma parte dela do mercado de trabalho, ou seja, da forma "legítima" de acessar os recursos.[65]

Além do evidente conteúdo discriminatório, avesso a qualquer conceito de cidadania, esse mecanismo tem se mostrado totalmente ineficaz nos países latino-americanos. Tal como na estratégia de privatização, a restrição do acesso torna-se extremamente complicada na medida em que os pobres constituem a grande maioria, senão a totalidade, da demanda por serviços sociais básicos. Torna-se inviável, portanto, para esses países, a estratégia de focalizar serviços que de antemão devem ser dirigidos para os mais carentes. O resultado tem sido, ao evitar a inclusão dos "não pobres", a exclusão dos próprios pobres.

O esvaziamento do setor público e o conseqüente desmantelamento de seus serviços sociais fizeram-se acompanhar por um retrocesso histórico, qual seja, *o retorno à família e aos órgãos da sociedade civil sem fins lucrativos, como agentes do bem-estar social*. Isto vem implicando a renúncia explícita do Estado em assumir sua responsabilidade na prestação de serviços sociais (sobretudo saúde e educação) em bases universais. A opção pelos mecanismos de auto-ajuda se dá mais pela ausência de impacto financeiro sobre o setor público do que pelos méritos organizativo-participativos da sociedade. O problema da utilização desses mecanismos está no seu caráter *substitutivo* dos serviços públicos e *não* na sua possível atuação complementar, sobretudo na democratização, fiscalização e controle desses serviços, que passam a ser precários ou inexistentes.

Nessa estratégia estão incluídas as inúmeras experiências de "Programas de Solidariedade", sobretudo a mexicana, considerada como paradigmática na América Latina, e, mais recentemente, a "cópia" brasileira denominada de "Comunidade Solidária".[66] Ficou demonstrado que esses programas "alternativos" que substituíram as políticas sociais em alguns países, baseados apenas na retórica da "solidariedade" e da "participação comunitária", focalizados na pobreza, de cobertura e eficácia duvidosas, *não* foram capazes sequer de atenuar os problemas sociais existentes, que dirá resolvê-los.

Para matizar o processo de retração estatal e de privatização da área social na América Latina, conjugaram-se as duas últimas estratégias — focalização e auto-ajuda — nos chamados "Programas de Combate à Pobreza", marcados pelo seu caráter residual, emergencial e temporário.[67] Essa modalidade de programa social tem sido o eixo central das propostas financiadas por organismos internacionais, como o Banco Mundial e o BID, para os governos latino-americanos (e para países periféricos em geral) no sentido de minimizar os efeitos da crise econômica e dos processos de ajuste.

Mais uma vez, não está em tela de juízo a canalização de recursos para os pobres, e sim o fato de esses programas substituírem políticas sociais mais abrangentes, sendo acompanhados pela mercantilização dos serviços e benefícios sociais, pela capitalização do setor privado via subsídios e/ou incentivos fiscais, e pela deterioração e desfinanciamento do setor público.

Por outro lado, mesmo os objetivos declarados e/ou implícitos nessa estratégia não têm sido alcançados. A assistência aos mais pobres não tem demonstrado efetividade, seja pela magnitude dessa parcela da população, seja pelos parcos recursos que vem empregando, muito aquém das necessidades, mesmo quando se trata de programas "focalizados". A tão almejada redução do déficit público tampouco tem sido obtida. Na realidade, os recursos públicos continuam financiando a cobertura da grande maioria da população: diretamente via serviços públicos ou indiretamente via subsídios ou incentivos fiscais em favor do setor privado. Já o caráter "emergencial" desses programas leva a que seus recursos sejam utilizados de forma discricionária pelo Poder Público, propiciando, entre outras coisas, o tão criticado (sobretudo pelos ideólogos desses programas) clientelismo político. Finalmente, aliado ao emergencial, o caráter temporário ou episódico desses programas é outra de suas características que os tornam totalmente ineficazes, já que a extensão e a profundidade da nossa pobreza exigem políticas sociais permanentes que atinjam, também, suas raízes mais estruturais.

O impacto do ajuste sobre a Política Social no Brasil

Também no Brasil se verifica uma segunda dimensão do custo social provocado pelas políticas de ajuste: o seu impacto sobre a(s) política(s) social(is).

A tese de que a criação e/ou agravamento de situações sociais de exclusão, desigualdade e pobreza geram *demandas sociais incompatíveis com as restrições impostas pelo ajuste às políticas sociais* se aplica, *sobretudo*, em nosso país.

Em contraponto a uma enorme *concentração* do poder e da gestão do *econômico* — acorde com os tempos de *globalização* — vive-se hoje, no Brasil, uma crescente *fragmentação* da gestão do *social* — acorde com a *pulverização* daqueles que demandam os serviços sociais, crescentemente destituídos de voz e poder de decisão sobre o seu destino.

Nesse sentido, cabe levantar uma série de questionamentos a respeito da resolutividade dos chamados programas "alternativos" de combate à pobreza — focalizados e emergenciais —, particularmente em países como o Brasil.

Será que o que resta hoje como alternativa de política social são as ações específicas e focalizadas, denominadas aqui de "pequenas soluções *ad hoc*" ou "o reinado do minimalismo" (também conhecido, em tempos de globalização, como *"small is beautiful"*)? Seria o somatório dessas *pequenas soluções ad hoc* capaz de dar conta dos problemas sociais brasileiros, complexos e de grandes dimensões? Como articular a multiplicidade de ações e de pequenos programas em uma *política social*, ou seja, em algo que se constitua de forma orgânica e abrangente, ou isto já estaria completamente fora de possibilidades ou "fora de moda"?

Esses pequenos e pulverizados programas quase sempre são associados a uma estratégia mais geral — chamada de *descentralização* — que é a da total responsabilização dos municípios pela implementação de políticas sociais. No caso brasileiro (e eu diria em boa parte dos países latino-americanos) venho denominando esse processo de *descentralização destrutiva*: de um lado se tem o desmonte de políticas sociais existentes — sobretudo aquelas de âmbito nacional — sem deixar nada em substituição; e de outro se delega aos municípios as competências sem os recursos correspondentes e/ou necessários. Em todos os âmbitos da política social — Saúde, Educação, Saneamento Básico — em que essa estratégia de descentralização foi acompanhada por um desmonte, o resultado foi um agravamento da iniqüidade na distribuição e oferta de serviços. Os municípios que lograram manter uma boa qualidade de serviços básicos sociais estão tendo, como "prêmio", a invasão de populações das localidades vizinhas onde isso não acontece.

Essa política gerou, ainda, um profundo desequilíbrio na já complicada federação brasileira, retirando dos estados, como entes federativos de maior porte, as possibilidades (financeiras, técnicas e políticas) de planejar e coordenar os programas sociais de forma regional e mais eqüitativa. Baixo os argumentos de que o cidadão vive no "município" e de que o controle e a participação social se realizariam plenamente se os serviços fossem geridos pelo "poder local", a descentralização de programas sociais tem provocado um enorme reforço do "caciquismo" ou do "coronelismo" local, expressões que no Brasil significam o reforço de esquemas tradicionais de poder das elites locais. É só observar como se dá a distribuição de cestas de alimentação nos municípios, onde proliferam todas as formas de clientelismo político e de dominação social. Essa distribuição pulverizada de alimentos é o carro-chefe do Programa Comunidade Solidária, hoje considerado a "Política Social" de âmbito federal no Brasil. Este programa é liderado pela primeira-dama do país, na melhor tradição dos programas filantrópicos, em mais uma demonstração da "modernidade" neoliberal.

Tem ficado cada vez mais evidente a ausência de resolutividade/efetividade dessa modalidade de programas focalizados e *ad hoc*, sobretudo em regiões metropolitanas e/ou em grandes espaços urbanos, unidades espaciais e sociais de natureza muito mais complexa, onde se concentra hoje grande parcela da população brasileira. As periferias urbano-metropolitanas, locais de grande concentração de pobres (concentração espacial esta que dispensa qualquer tipo de estratégia focalizada, bem ao gosto neoliberal), demandam uma intervenção de natureza mais abrangente, com a coordenação de todos os vetores da política pública, extrapolando os limites e possibilidades dos governos locais/municipais — sobretudo nessas localidades de baixo potencial de arrecadação e de reduzida capacidade de intervenção. Note-se que essa já reduzida capacidade ficou ainda mais limitada com a crise financeira dos governos locais. Em 1999 as prefeituras nordestinas no Brasil fizeram uma "greve", num movimento de paralisação explícita que denunciava sua absoluta incapacidade de dar resposta aos mais elementares problemas de suas cidades.

As inovações introduzidas pelas organizações não-governamentais e níveis locais de governo, na formulação e gestão descentralizada e participativa de programas sociais, embora em casos isolados consigam alguma sinergia, não têm escala para substituir os governos central (federal) e regional (estadual) naquilo que é sua *principal missão no campo da política social: criar uma dimensão de homogeneidade no enorme espaço de desigualdades sociais no território nacional.*

Os ajustes sobre as Políticas Sociais no Brasil provocaram, ainda, reformas administrativas em áreas do setor público — chamadas, por seus mentores, de "Modernização do Setor Público" ou de "Reformas do Estado". Estas mal chamadas *reformas*[68] quase sempre se restringem a cortes quantitativos e lineares do funcionalismo público e a alterações nos mecanismos de gestão dos serviços públicos, o que vem provocando modificações importantes no *caráter público dos serviços sociais* — com a sua concomitante *privatização e/ou mercantilização* (introdução da lógica privada nos serviços públicos, com privilégio da racionalidade da eficiência restrita ao custo/benefício das ações). O que é alegado como motivo para a privatização tem sido o próprio "sucateamento" dos serviços públicos, o que vem causando uma restrição importante no acesso — sem falar na perda de qualidade dos mesmos.

Têm ocorrido alterações na *cobertura, na universalidade e na eqüidade* de importantes políticas no âmbito da *Seguridade Social* brasileira, a qual ainda possui a maior cobertura, tanto urbana como rural, da América Latina, bem como o único sistema público de saúde com acesso universal para os não segurados. Além disso, o sistema previdenciário brasileiro incorpora, desde a sua conformação, um corpo de benefícios sociais de natureza assistencial muito importante para uma parcela relevante da população brasileira não segurada. É o caso da proteção social dirigida à velhice,[69] alternativa para diminuir a precariedade da inserção deste segmento da população através da incorporação nos chamados *circuitos da cidadania* materializados em direitos sociais. Estes circuitos são absolutamente essenciais em países como o nosso, já que deles depende o *segmento da população que não tem outras alternativas de incorporação*. Dessa forma, a Previdência (ainda) representa uma poderosa política social para amplos e desfavorecidos setores no Brasil. Em inúmeras cidades de pequeno e médio porte, os benefícios previdenciários, sobretudo as aposentadorias, se constituem hoje na única e/ou principal fonte de renda das famílias de baixa renda.

A principal ofensiva no âmbito das reformas dirigidas a esse importante conjunto de políticas sociais foi, até agora, a *Reforma da Previdência Social* proposta pelo governo federal e ainda em curso no Congresso Nacional.

Ao analisar-se a Reforma no marco proposto pelos Organismos Internacionais para as Reformas da Seguridade Social na América Latina, o Brasil, de um ponto de vista bem geral, estaria adotando um sistema *misto*, mantendo uma Previdência Pública Básica e abrindo espaço para uma Previdência Complementar predominantemente privada. A aplicação mecânica desses modelos, no entanto, na maioria dos casos não leva em consideração nem a evolução histórica nem a composição estrutural de cada sistema de seguridade social, desrespeitando, portanto, as especificidades de cada país. O caso brasileiro não foge a essa regra.

O modelo *misto* proposto na Reforma, no entanto, aparentemente tão claro e tão lógico, na complexa realidade brasileira reveste-se de múltiplas interrogações e indefinições, além de, obviamente, muitos e poderosos interesses em jogo. Não é à toa que o processo de reforma já leva praticamente sete anos e ainda não consegue completar-se.

As principais questões que estão postas e que constituem pontos problemáticos nessa Reforma seriam (Soares, 1999a:61):

• O tamanho da Previdência Pública: qual será a abrangência da previdência estatal e sua cobertura. Se mantidos os atuais tetos (de contribuição e de benefícios) em dez salários mínimos, a cobertura se manteria mais ou menos como está hoje, ou seja, com uma abrangência ainda relevante dada a distribuição salarial da população empregada, mas sem cumprir um papel redistributivo na medida em que apenas reproduz a atual estrutura salarial. Caso esses tetos sejam rebaixados, a Previdência Pública se tornaria excludente, ao reduzir sua cobertura e excluindo parcela importante da população assalariada, jogando-a nos braços da Previdência Complementar Privada. Note-se que hoje a classe média possui cada vez menos condições de pagar por um seguro privado, como já se verifica nos seguros-saúde privados.

• Qual seria o preço pago pela sociedade, em termos de subsídios e incentivos fiscais, para financiar a expansão da Previdência Complementar Privada.

• A existência de uma baixa taxa de contribuição para a Previdência: hoje, menos da metade da população ocupada no Brasil contribui para a Previdência, o que tende a agravar-se com o aumento da informalidade e o desemprego (conforme o já demonstrado acima).

• O problema anterior associa-se à grave, e não resolvida na Reforma, questão do *financiamento*: dadas as tendências apontadas de aumento da informalidade e do desemprego, não se pode manter a *folha de salários* como base quase exclusiva do financiamento da Previdência. O princípio da multiplicidade e diversidade de fontes, combinando recursos contributivos com recursos fiscais, já apontado na Constituição de 1988, não está previsto na atual Reforma.

• O corte de benefícios, além de não resolver esse problema estrutural do Financiamento, traz conseqüências sociais graves, sobretudo em momentos de crise e de recessão. Os limites já impostos às aposentadorias na atual Reforma são exemplos disso.

Lamentavelmente todas essas questões não estão encontrando nem canais de expressão nem foros de debate políticos eficazes, na medida em que o Congresso, principal *locus* de discussão e decisão (formal) em torno da Reforma, encontra-se totalmente controlado e manipulado pelo Executivo e eivado pelos interesses da Previdência Privada.

Outras modificações importantes e decisivas no desmonte das políticas sociais são aquelas que dizem respeito ao *financiamento* geral das mesmas. À redução da arrecadação e aos cortes lineares do gasto público social se associam estratégias do tipo *Fundo Social* (antigamente denominados *de Emergência*), mais recentemente abandonadas no Brasil e transformadas naquilo que, aliás, era o seu principal objetivo: o denominado *Fundo de Estabilização*, que fica com 20% de todos os recursos previstos nos orçamentos dos ministérios do governo federal, inclusive os sociais, sem nenhum tipo de vinculação, dando uma total margem de liberdade aos executores da política econômica para fazer uso desse recurso como bem lhes aprouver (ou melhor, para atender às metas do FMI).

Também neste aspecto existe uma associação perversa entre critérios nacionais (determinados pelas metas do ajuste fiscal) para cortes lineares de recursos públicos (mais uma vez a "globalização" do econômico) e a pulverização dos mesmos, através da descentralização focalizada de serviços e benefícios sociais. Isto traz graves conseqüências para a eqüidade na distribuição desses recursos destinados "ao social", além de abolir totalmente a sua visibilidade quanto ao seu montante, suas fontes e seus destinos.

Neste tópico do financiamento, coloca-se uma discussão central sobre as *possibilidades de elevar o patamar do gasto social para dar conta de políticas sociais universais, redistributivas, eqüitativas.* No Brasil, nos anos 90, não se configurou uma situação de normalidade para a Seguridade Social (portadora do maior volume de recursos na área social) que garantisse a apropriação plena das receitas de contribuições instituídas pela Constituição de 1988 para as finalidades previstas no apoio à cidadania social. Ou seja, a tão propalada crise de financiamento de uma Seguridade Social que nunca chegou a se constituir plenamente poderia ter sido muito atenuada se, ao contrário do que afirma o governo federal, a alocação dos recursos vinculados às suas principais políticas — Saúde, Previdência e Assistência Social — tivesse respeitado sua destinação constitucional.[70]

VI
MODERNIZAÇÃO OU RETROCESSO: um debate sobre as alternativas de enfrentamento da questão social

A título de conclusão: modernização ou retrocesso?

Segundo a concepção neoliberal de política social, o bem-estar social pertence ao âmbito do privado. Essa concepção aplicada de maneira "global" tem trazido, entre todas as conseqüências já vistas, uma "volta ao passado". Se concordarmos com J. K. Galbraith que o Estado de Bem-Estar Social se constitui numa das mais importantes invenções dos *tempos modernos*, estamos vivendo um enorme retrocesso histórico.

Mesmo em nosso país, onde jamais fomos capazes de construir um efetivo *Estado de Bem-Estar Social*, ao invés de evoluirmos para um conceito de *política social* como constitutiva do direito de cidadania, retrocedemos a uma concepção focalista, emergencial e parcial, em que a população pobre tem que dar conta dos seus próprios problemas. Essa concepção vem devidamente encoberta por nomes supostamente "modernos" como "participação comunitária", "autogestão", "solidariedade", em que a solução dos problemas dos pobres se resume ao "mutirão".

O processo de retração estatal e concomitante privatização das políticas sociais no Brasil e na América Latina — com a introdução de cobranças "seletivas" para determinados serviços básicos essenciais, como a assistência médica — tem levado à dualidade no acesso a esses serviços, *criando um setor público para pobres*, sem recursos e cada vez mais desfinanciado; e, de forma "complementar", um setor privado (representado hoje por empresas e conglomerados financeiros de seguro) para quem pode pagar e, o que é mais grave, cada vez mais subsidiado com recursos públicos.

Esse processo — causado por políticas deliberadas de ajuste e não por uma "fatalidade global" — é um dos principais mecanismos geradores de exclusão hoje no Brasil e na América Latina, trazendo conseqüências muitas vezes fatais para aqueles que dependem, cada vez mais, do setor público para sua sobrevivência.

Deve-se enfatizar o entendimento do papel primordial da *política social* no combate a essa exclusão. Trata-se de resgatar um conceito mais amplo de Política Social no âmbito das Políticas Públicas, que não se limite às concepções setoriais; ao minimalismo das práticas locais "bem-sucedidas"; ao reducionismo econômico e, sobretudo, que não se submeta a uma supostamente necessária cronologia: *estabilização — crescimento econômico — redistribuição.*

Somente uma concepção estratégica de políticas econômicas e sociais mais integradas seria capaz de abrir espaço para que o gasto social pudesse acentuar sua natureza redistributiva, na sua dupla dimensão de direito da cidadania e de incorporação dos "não incorporados", através de políticas universais de maior significado transformador, como Educação e Seguridade Social.

Dar as costas a essa temática mais abrangente e definir a política social como um "nicho incômodo" não é mais do que projetar para o futuro a reprodução ampliada da pobreza, da desigualdade e da exclusão, típicas do "Brasil Real" de hoje.

Política Social universal e igualitária, ou, em direção a um "Estado de Bem-Estar" latino-americano: problemas, limites e possibilidades[71]

Ao enfoque mais restrito de política social de cunho neoliberal, contrapõe-se um enfoque mais abrangente de política social, que, no limite, pode configurar-se como um "Estado de Bem-Estar Social". Esse conceito ideal, no entanto, deve extrair da realidade latino-americana, contraditória e complexa, e da reflexão acumulada sobre a mesma a sua configuração básica.

Concordando com Cristina Possas, "a especificidade da realidade social e da base política nos países do continente torna inadequada sua referência a tipologias desenvolvidas a partir de sociedades com um alto grau de maturidade social e política. Dificilmente um padrão de proteção social como o brasileiro ou o mexicano poderia identificar-se simplesmente pelos mecanismos de seletividade que caracterizam o modelo residual ou por sua vinculação na inserção produtivo/social do modelo meritocrático-particularista na classificação mencionada de Titmuss, ou pelos graus de democratização que caracterizam aos modelos liberal e conservador de Esping Andersen..."[72].

Essas tipologias estão baseadas, principalmente, nas condições de acesso da demanda na distinção entre os modelos, deixando de lado o que condiciona a oferta de serviços e benefícios. Nos países latino-americanos essa oferta está determinada pela ausência de mecanismos efetivos de controle social, subordinando-a a uma lógica perversa de transferência de recursos públicos ao setor privado, razão pela qual Possas[73] prefere chamar o modelo dominante de organização da proteção social na América Latina de modelo *estatal-privatizador*. Sua lógica de organização e operação está subordinada ao processo de privatização do Estado que permeia o aparato estatal na atual etapa monopolista do capitalismo contemporâneo, fenômeno evidentemente não exclusivo da América Latina. O que caracteriza a realidade latino-americana é o fato de que esse processo de privatização do aparato estatal assume uma cara muito mais perversa, na medida em que condiciona o acesso aos serviços e benefícios sociais à dinâmica da acumulação privada, dada a ausência de mecanismos políticos e institucionais de defesa dos setores "menos influentes" (e majoritários) da sociedade, não apenas perante o mercado mas também ante a utilização do aparato do Estado em prol de interesses particulares.

A análise das formas assumidas pela Proteção Social na América Latina requer uma abordagem capaz de ter em conta, por um lado, as condições peculiares que determinaram seu desenvolvimento e configuração em cada um dos países estudados e, por outro, os traços mais estruturais e limitantes que são comuns às políticas sociais da região, com ênfase naqueles impostos pelas políticas de ajuste econômico.

Ao contrário do que preconiza a estratégia neoliberal, não consideramos que exista apenas um único caminho para alcançar aquilo que está sendo chamado, inicialmente, de "Estado de Bem-Estar Social" latino-americano.

Por outro lado, cada *particular Estado de Bem-Estar Social* a ser construído em cada país latino-americano, com estratégias e táticas próprias e diferenciadas, possuirá alguns contornos similares e, sobretudo, enfrentará alguns problemas comuns.

A primeira característica ou o primeiro problema de natureza geral a ser enfrentado é o de como constituir um "Estado de Bem-Estar", ou uma rede de Proteção Social, ou uma política social *tout court*, em países cujo processo de acumulação é tão perversamente excludente e predatório que mereceu a denominação de *capitalismo selvagem*. Países cujas sociedades são estruturalmente heterogêneas, apresentando, de um lado, uma superposição de formas avançadas de organização social e de frágeis mecanismos de representação política — o que historicamente dificultou a constituição de estruturas de proteção social que pudessem contrapor-se as desigualdades impostas por esse capitalismo — e, de outro, uma perversa combinação de problemas sociais "modernos", como o desemprego e a informalidade, com situações de pobreza e miséria típicas de países atrasados e subdesenvolvidos — o que torna, no mínimo, mais complexa a capacidade que essas estruturas de proteção devem ter para o combate a tais problemas.

Uma das grandes limitações dos nossos denominados "Sistemas de Proteção Social" é justamente o da *ausência de unicidade*. Ao invés de desestruturar e fragmentar ainda mais as já dispersas políticas sociais (o que tem sido praticado, com razoável sucesso, pelas políticas neoliberais locais), tratar-se-ia de constituir uma *política social* capaz de articular, em cada um dos países latino-americanos, diferentes políticas, projetos, programas e ações de cunho social. Essa unicidade, sobretudo no *núcleo duro* da política social formado pela Seguridade

Social (seguro social, saúde e assistência), cuja visibilidade institucional deveria consubstanciar-se em um único Ministério Social (em contraposição ao Ministério da Economia), permitiria a unificação e a vinculação de diversas fontes de financiamento (mantendo essa diversidade como uma proteção mínima aos comportamentos cíclicos da economia) e a definição de uma política social unificada que garantisse a igualdade de um mínimo social para todos os cidadãos.

Essa unificação não seria sinônimo de "centralização". Pelo contrário, em vez de implementar uma "descentralização recentralizante" de recursos e poder (como a que vem sendo feita no setor Saúde no Brasil e nos Programas de Solidariedade latino-americanos), essa unicidade da política social em âmbito nacional possibilitaria um processo de descentralização que promovesse a autonomia dos níveis locais na implementação de seus programas sociais e que, simultaneamente, levasse em consideração as reais e heterogêneas capacidades dos níveis descentralizados de governo para resolver efetivamente os problemas sociais regionais em seus diferentes graus de complexidade.

Dessa forma, o difícil e delicado problema da distribuição de recursos, tanto pelos diferentes setores sociais como pelas diferentes regiões e localidades, deixaria de obedecer a critérios aleatórios e lineares. A pugna setorial por recursos dispersos[74] seria substituída por um processo de elaboração de um Orçamento Social Unificado, cuja visibilidade permitiria uma participação mais democrática dos diversos setores sociais, baseada em critérios mais nítidos e equânimes de distribuição de recursos.[75] Esse processo de orçamentação seria acompanhado de uma programação, também unificada para o setor social, em que estivessem claramente explicitadas as prioridades em termos dos projetos e programas sociais no âmbito nacional. Esse *orçamento-programa unificado* possibilitaria, ainda, a integração programático-orçamentária entre as diversas áreas sociais.

A integração do "social" não se daria apenas pelo emergencial (embora este também deva estar incluído), em programas assistenciais episódicos, e sim de forma permanente através de políticas e programas nacionais, com metas bem visíveis a serem cumpridas. A tão propalada "participação comunitária" não aconteceria apenas no varejo, promovendo-se uma gestão colegiada desse orçamento-programa, em todos os níveis de governo e/ou em todas as instâncias em que essas políticas e programas nacionais estivessem sendo implementados, o que propiciaria um processo efetivamente democrático de participação e controle do poder público.

As experiências brasileiras de gestão colegiada em setores sociais importantes como Saúde e Educação, apesar de terem significado um enorme avanço, se dão através de inúmeros e pulverizados Conselhos Comunitários Setoriais, cujo poder de interferência torna-se muitas vezes reduzido pela ausência de visibilidade da totalidade de recursos e programas sociais na localidade, município, estado ou região. Na realidade, essa ausência de visibilidade se dá não apenas para a população-alvo dos programas sociais, como também para os próprios responsáveis pelos órgãos governamentais e agentes desses programas. Estes, em sua imensa maioria, em todos os níveis de governo, desconhecem o volume e a distribuição de recursos para o seu próprio setor de intervenção, que dirá para os demais setores que compõem a área social.

Insistimos, portanto, que a unificação e a concomitante visibilidade em termos programáticos e orçamentários é um valioso instrumento de intervenção pública na área social. Não se trata aqui de uma utopia impossível de ser realizada. No Brasil, experiências no âmbito federal, como a da Programação e Orçamentação Integradas (POI) no Ministério da Previdência e Assistência Social (MPAS) em meados dos anos 80, e nos âmbitos estadual e municipal, como as do Orçamento Participativo, impulsionadas por governos democráticos e populares,[76] são exemplos da factibilidade desse tipo de proposta.

A articulação dessa política social, por sua vez, com as demais políticas públicas, sobretudo com a política econômica, não poderia dar-se, nessa proposta, de forma subordinada. Na realidade, essa articulação é de natureza essencialmente política e de enorme complexidade, submetendo-se, na maioria das vezes, a fatores conjunturais.

Encontramos a natureza dessa articulação em algumas definições de *política social*. Ela não seria, segundo Santos (1989), uma política entre outras, com a mesma ordem lógica, e dotada de apenas um atributo que a diferenciaria das demais. Ela seria, *"em realidade, uma política de ordem superior, metapolítica, que justifica o ordenamento de quaisquer outras políticas — o que equivale dizer que justifica o ordenamento de escolhas trágicas"*. A política social escaparia ao cálculo econômico e ingressaria na "contabilidade ética, no cerne do conflito entre valores, no trágico comércio entre o bem e o mal". A inexistência de uma definição precisa de política social seria explicada, dessa forma, pelo seu caráter de *"metapolítica*, matriz de princípios ordenadores de escolhas trágicas", escolhas estas embutidas em praticamente todas as políticas específicas. Esses princípios possuiriam um caráter mutável e controverso, o que faria com que políticas singulares aparecessem ora como políticas sociais (usando a terminologia corrente), ora não, dependendo de conveniência e convenção.[77]

Mesmo apontando essa "fragilidade epistemológica básica", sobre a qual se fundamenta toda política de natureza social, o mesmo autor propõe uma tipologia — que procura dar conta do problema que apontávamos inicialmente, ou seja, o da interação entre políticas, sociais ou "mistas", e, particularmente, do conflito entre elas — classificando as políticas sociais sob as seguintes rubricas: *preventivas*, *compensatórias* e *redistributivas*, em sentido estrito. Por política social *preventiva* compreende-se qualquer política que impeça ou minimize a geração de um problema social grave, como, por exemplo, Saúde Pública, Saneamento Básico, Educação, Nutrição, Habitação, Emprego e Salário. Por política *compensatória* compreende-se aqueles programas sociais que remediam problemas gerados, em larga medida, por deficiência de políticas preventivas anteriores ou de outras políticas setoriais que interferem com o social (como políticas de emprego e renda, entre outras). Exemplo de política compensatória seria o Sistema Previdenciário. Finalmente, por políticas *redistributivas* entende-se aqueles programas que implicam em efetiva transferência de renda, por exemplo, o Funrural e o PIS/Pasep.

A necessária inter-relação e integração entre diversas políticas governamentais, dentro de um conceito mais amplo de política social, é defendida com clareza e persistência por Lessa.[78] Em seu diagnóstico sobre a área social brasileira, ele aponta que a mesma leva às últimas conseqüências a organização do que ele chama de "vertebração vertical", em que uma lei de cissiparidade produziria a multiplicação de agências governamentais, estabelecendo relações de lealdade interburocrática ao longo dessas colunas vertebrais, sem nenhuma solidariedade horizontal em cada espaço de decisão. A definição de *quem* controla *o que* se torna extremamente complicada, com inúmeros problemas na definição de competências, o que se agrava à medida que o debate e a intervenção sociais vão criando novos campos de interesse. Novas "colunas vertebrais" surgem, gerando uma malha de lealdades interburocráticas. Essa excessiva fragmentação, sem coordenação horizontal, origina manobras de "autarquização" em relação aos aparelhos burocráticos já existentes. Nesse contexto, todas as formas de planejamento e coordenação horizontal são percebidas como redução de autonomia e de poder de cada um dos corpos que constroem suas lealdades de forma vertical. O resultado disso, segundo Lessa, seria que o sistema operaria com taxas de desperdício, explícitas e implícitas, consideráveis.

Ainda no debate sobre a articulação entre *política econômica* e *política social*, a Cepal, desde 1990, demonstra a preocupação em articular as necessárias (segundo ela) transformações produtivas com a eqüidade, a partir de seu clássico trabalho *Transformación Productiva con Eqüidad*.[79] Nele fica explicitado o imperativo da *eqüidade*, o qual exigiria que a transformação produtiva estivesse acompanhada por medidas redistributivas, tendo em vista o diagnóstico de que, mesmo ocorrendo essa "transformação", transcorreria um período prolongado antes que se pudesse superar a heterogeneidade estrutural mediante a incorporação do conjunto de setores "marginalizados" das atividades de crescente produtividade. Essas medidas redistributivas "complementares" seriam: serviços técnicos, financeiros e de comercialização, bem como programas maciços de capacitação destinados a microempresários, trabalhadores por conta própria e camponeses; reformas de diversos mecanismos de regulação que impedem a formação de microempresas; "*adequação*" *dos serviços sociais às necessidades dos setores mais pobres*; fomento da organização para contribuir à "ajuda mútua" e à adequada representação das necessidades dos mais desfavorecidos perante o Estado; bem como o aproveitamento da potencialidade redistributiva da política fiscal, tanto do lado da receita como no referente à orientação do gasto público.[80]

Sem entrar numa discussão detalhada da proposta, visualizamos duas ordens de problemas na mesma. A primeira delas é a de que essa transformação produtiva torna-se pouco provável, na medida em que está baseada em premissas no mínimo complicadas, como o contexto de uma maior "competitividade internacional" e a utilização de uma "prerrogativa pouco utilizada", ou seja, a incorporação do progresso técnico. A segunda é a restrição do papel dos serviços sociais, que devem ser apenas "adequados" para os mais pobres, na melhor tradição neoliberal, como já analisamos aqui.

Essa visão é reforçada e ampliada posteriormente num segundo documento.[81] Este já incorpora um capítulo sobre "A Estabilização Econômica", que contém um sugestivo item intitulado "A instrumentalização de uma estabilização com mínimo custo recessivo", em que, entre propostas de controle da demanda agregada, controle das expectativas, correção de preços relativos e reformas institucionais, estão as "Políticas distributivas compensatórias". Nessas está incluída a reserva de certa quantidade de recursos para estabelecer uma "red de seguridad mínima" durante a transição, a qual, mesmo quando a estabilização logre uma queda da inflação sem uma queda "apreciável" do produto ou do emprego, pode causar perdas a alguns grupos já muito vulneráveis tendo em vista os "deslocamentos de preços relativos" e a "composição do produto". Podem ser citados como exemplos dessas políticas os programas de emprego de emergência no Chile e o Fundo Social de Emergência na Bolívia nos anos 80 e 90.

Quanto às medidas mais "permanentes" para compensar os efeitos "possivelmente" regressivos da estabilização, elas dependerão (no futuro) da capacidade do Estado de ir substituindo o "equilíbrio fiscal" logrado mediante instrumentos de "emergência" por uma consolidação fiscal apoiada em um sistema tributário de base ampla, relativamente simples e, "dentro do possível", progressivo, bem como em uma estrutura de gasto também progressiva. No entanto, prossegue o documento, para lográ-lo é preciso poder estabelecer ou acordar uma nova configuração distributiva entre os "agentes econômicos".[82]

No fundo, esse tipo de proposta não abre mão do "necessário" ajuste, o qual passa a ser o determinante e o orientador de todas as políticas. E é precisamente esse ajuste, a nosso ver, o principal obstáculo à construção de uma política social de outra natureza, ou daquilo que estamos chamando aqui da constituição de um Estado de Bem-Estar Social para a América Latina.

Prosseguindo nessa linha de compatibilização entre as políticas, Bustelo (1991) propõe uma *"Economia Mixta de Bienestar"*, para a qual seria necessária a observação de algumas premissas. Ele parte do princípio de que a questão do financiamento do déficit fiscal e do endividamento externo encerra a definição central sobre como devem ser distribuídos os custos da crise. As margens para evadir a identificação daqueles setores sociais que devem pagar os custos do ajuste se estreitaram, na medida em que o déficit fiscal não pode financiar-se com mais endividamento externo e/ou interno e que a produção de mais "Estado de Mal-Estar", em termos de desemprego-subemprego, queda dos salários reais e redução do gasto social, está atingindo umbrais críticos. Tendo em vista a distribuição de renda latino-americana e a evolução das rendas de capital e de trabalho, não cabem dúvidas de que o custo maior deveria ser absorvido pelos setores de mais alta renda e riqueza, na medida, inclusive, em que esses custos devem ser proporcionais às responsabilidades respectivas de cada grupo social com relação ao endividamento externo.

Diante dos argumentos de que essa proposta não é viável dadas as altas taxas de renúncia e sonegação fiscal e a insuficiência informativa dos sistemas tributários, propõe-se que, paralelamente à melhoria dos sistemas de informação sobre a pobreza e os pobres, se desenvolvam melhores informações sobre a riqueza e sua reprodução, de modo que se possibilite a "focalização" sobre aqueles (mais ricos) que devem financiar o déficit fiscal.

Bustelo funda a possibilidade de implementar uma "economia mista de bem-estar" no conceito de autonomia relativa do Estado, em que, sem negar que no capitalismo o Estado é estruturalmente dependente do capital e propenso a realizar seus interesses, possa colocar-se, em condições de democracia estáveis, uma autonomia relativa ou operacional do Estado, na qual os diferentes setores sociais aceitem a propriedade privada e o controle por parte dos empresários do investimento, mas que estes aceitem a democracia e as políticas públicas favoráveis aos setores sociais menos favorecidos por parte do Estado. Ou seja, mesmo partindo desses interesses egoístas que operam no mercado, que seja possível desenvolver uma institucionalidade pública relativamente autônoma de interesses setoriais e suficientemente complexa para não ser uma correspondência pontual dos mesmos. Assim, o princípio constitutivo de uma "economia mista de bem-estar" seria aquele em que o máximo grau de interesse consistiria em não colocar no grau mais alto os interesses próprios (ou particulares).

A geração de uma "economia mista de bem-estar" em um contexto como o da América Latina, de crescente pobreza e desigualdades sociais, estaria fundada na possibilidade de introduzir uma direcionalidade social à apropriação privada do excedente. Isto implicaria uma arquitetura jurídico-política que especificasse claramente o papel do setor público, do setor privado, dos sindicatos, dos diferentes grupos sociais e, sobretudo, um acordo explícito sobre o bem-estar, isto é, como se distribuiriam os frutos do crescimento econômico e do progresso técnico.[83]

Mesmo reconhecendo que nos países da periferia capitalista os dilemas da estabilização e da retomada do crescimento têm tornado ainda mais grave e complexa a questão social, Braga & Médici (1993) também defendem uma articulação *consistente* entre *política econômica, política de rendas e política social*, tratando de demonstrar a *compatibilidade* da resolução da questão social com a estabilidade e o crescimento.[84]

Ao aceitar a idéia de que a questão social deva ser o *eixo ordenador* das políticas de estabilização e desenvolvimento econômico, não basta, no entanto, afirmar a necessidade de consistência e compatibilização entre as políticas: isto também vem sendo declarado nos documentos da maioria dos organismos internacionais, inclusive os propositores do ajuste. O problema reside em reconhecer e definir *de que* política de estabilização, e mesmo *de que* desenvolvimento econômico está se tratando, já que *o que tem sido proposto e implementado nos países periféricos, sobretudo na América Latina, é totalmente incompatível com* qualquer *proposta de política social minimamente consistente e resolutiva em face da problemática social desses mesmos países.*

Segundo palavras do professor Wilson Cano em análise sobre o Brasil,[85] mas que acreditamos extrapoláveis para o restante da América Latina, para aumentar o gasto social de modo a propiciar substanciais melhorias no insustentável quadro social há necessidade de incremento de recursos públicos, os quais, por sua vez, só poderão surgir com aumento do investimento, estabilidade e distribuição. Para tal, seriam necessárias reformas estruturais, implantadas de forma concomitante, *as quais, no entanto, precisam ser bem qualificadas para não ser confundidas com aquelas ("reformas") preconizadas pela agenda neoliberal.*

São as seguintes as reformas elencadas pelo professor Cano:

• reforma do Estado, no sentido de fortalecê-lo, repondo, em novas bases, sua capacidade de definição de políticas e de planejamento, com reabilitação do funcionalismo público;

• equacionamento do serviço da dívida externa, compatibilizando um orçamento cambial que ampare a retomada do investimento e crescimento com a capacidade de pagamento pela receita federal;

• equacionamento da dívida pública interna, para o disciplinamento das contas públicas e contenção da pressão estrutural exercida sobre a taxa de juros;

• reformas fiscal e tributária, objetivando uma maior eqüidade, readequando as contas públicas e os níveis regionais e locais de competências. (Aqui, Cano lembra que a maioria dos países que ajustaram as suas economias recentemente o fizeram com elevação da carga tributária);

• reestruturação do sistema financeiro nacional, dificultando a alocação de fundos eminentemente especulativos, fortalecendo o mercado de capitais e solucionando o estrutural estrangulamento do financiamento de longo prazo;

• reformas sociais (agrária, abastecimento, urbana, saúde pública, previdência social, educacional e ambiental), projetadas tanto para dar conta da dimensão emergencial, quanto para atingir toda a sociedade numa perspectiva de prazo mais longo;

• reforma da empresa, adequando-a aos novos requisitos administrativos, produtivos e financeiros, permitindo uma maior transparência de seus resultados, de sua eficiência e de seu papel social, numa sociedade moderna e mais justa.

Infelizmente, não parece provável que essa agenda seja compatível com o atual momento político no Brasil, onde o *ajuste estrutural*, embora já com "fraturas" visíveis, ainda opera com hegemonia.

Como agravante, as restrições de natureza geral, impostas por um "desajuste global" cada vez maior, tornam as possibilidades de mudança do quadro atual cada vez menores ou mais difíceis. "Estamos vivendo um momento crucial na sociedade brasileira, diante da transição por que passam a economia e a sociedade internacional, e não temos ainda como avaliar, com a devida profundidade, quais seus efeitos econômicos e sociais cumulativos que estarão sendo explicitados no final deste século".[86]

Apesar dessas restrições, no entanto, não se pode negar a existência daquilo que poderíamos chamar de *espaços de resistência* ao neoliberalismo, não apenas no plano intelectual, mas também no plano da ação política e, sobretudo, da luta social.

Assim, torna-se imperativo registrar, também como *espaço de esperança*, a enorme riqueza da realidade brasileira, suficientemente ampla e variada em termos de elaboração e implementação de políticas sociais públicas alternativas e opostas ao modelo dominante, na busca de uma maior justiça social. Nesse sentido, tem sido decisiva a eleição de governos democráticos populares, liderados por partidos de esquerda, tanto em prefeituras como em estados brasileiros, contradizendo, na prática, aqueles que afirmam que a esquerda não tem mais "alternativas".

Novas experiências sociais, contando com a decisiva e democrática participação de setores da população historicamente dominados, têm se multiplicado por este continente afora, muitas vezes surpreendendo aqueles que não acreditam mais na possibilidade de mudanças sociais e que abandonaram a História.

Mesmo que minoritários na América Latina, os *espaços de resistência*, como Cuba, e os *espaços de esperança,* como Chiapas no México, o MST no Brasil, e as profundas mudanças político-institucionais na Venezuela, entre outros, têm que ser lembrados, apontados, valorizados e ampliados na luta política e social.

Esse é um dos aspectos que aponta Wanderley Guilherme dos Santos, ao afirmar que "é na efetiva disputa em torno de políticas específicas que se resolvem as relações de poder e conflito, os ganhos e perdas sociais e a estabilidade ou instabilidade da ordem social, matéria-prima básica de qualquer política pública".[87]

Se, por vezes, não é possível evitar a "fatalidade de ordenar escolhas trágicas"[88] diante das conseqüências do ajuste neoliberal, tampouco há como fugir ao imperativo de continuar a luta social por transformações históricas em nosso continente.

Recorrendo às palavras de Ernesto Sabato, dirigidas aos jovens em seu último livro *Antes do fim*[89], "são muitos os que, em meio à tempestade, continuam a lutar, oferecendo seu tempo e até a própria vida pelo outro. Nas ruas, nas prisões, nas favelas, nos hospitais. Mostrando-nos que, nestes tempos de falso triunfalismo, a verdadeira resistência é a que batalha por valores que se consideram perdidos." "... São milhões os que continuam resistindo..." "Milhares de pessoas, apesar das derrotas e dos fracassos, continuam a se manifestar, tomando as praças, decididos a libertar a verdade de seu longo confinamento. Em toda parte há sinais de que as pessoas começam a gritar 'Basta!'" (Sabato, 2000:161).

NOTAS

Apresentação

* *Ajuste Neoliberal e Desajuste Social na América Latina*. Tese de Doutorado defendida no Instituto de Economia da UNICAMP em junho de 1995, publicada em 1998 pela Ed. EEAN/UFRJ, Rio de Janeiro.

Capítulo I

1. Ver, a esse respeito, Grassi; Hintze; Neufeld (1994:5-6).
2. Idem, pp. 11-6
3. Idem, pp. 20-1.
4. Ver J. L Fiori, "Ajuste, transição e governabilidade: o enigma brasileiro", in Tavares & Fiori (1993:132).
5. Ver M. C. Tavares, "Ajuste e reestruturação nos países centrais: a modernização conservadora", in Tavares & Fiori (1993:54).
6. Em oposição à "transformação produtiva *com* eqüidade" preconizada pela Cepal para os anos 90. Ver Tavares (1992).
7. Ver Tavares (1992:63).
8. Ver declarações de Michel Candessus no jornal *Folha de S. Paulo*, em 29 de setembro de 1999.

Capítulo II

9. Ver, a esse respeito, Cano (2000:41).
10. Idem, pp. 7-8.
11. No Brasil, apesar da política de "abertura" de Collor a partir de 1990, só agora, com o governo FHC, é que se verifica um déficit significativo na sua balança comercial.

12. Ver trabalho de Maria da Conceição Tavares, "As políticas de ajuste no Brasil: os limites da resistência", in Tavares & Fiori (1993).

14. Cf. Cepal/Ilpes (1998).

Capítulo III

14. Ver, a esse respeito, Fiori (1984).
15. Ver Cano (1990).
16. Ver Fiori (1990).
17. Ver, acerca dessa discussão, Cano (1990 e 1993).
18. Idem.
19. Ver Teixeira (1990a).
20. Ver toda essa discussão em Cano (1990).

Capítulo IV

21. H. Nakajima, presidente da OMS; declarações em Lima, Peru, em 4/4/1991.
22. Ver Cepal (1993).
23. É o que se chama de "hiato de pobreza" — a distância entre a renda média dos pobres e a linha de pobreza. Ver, a esse respeito, estudo sobre o tema no Brasil pós-Plano Real em artigo publicado na revista *Praga*, nº 3, intitulado "Pobreza e política social: exclusão nos anos 90", São Paulo, Hucitec, 1997.
24. Idem.
25. Cf. Lagos (1986:17).
26. CEPAL. Panorama Social 1998.
27. Fonte: Cepal, com base em tabulações especiais domiciliares dos respectivos países, entre os anos de 1993 e 1996.
28. A Cepal considera como *linha de pobreza* o valor necessário para uma família dar conta de suas necessidades básicas; enquanto a *linha de indigência* é o valor necessário para adquirir apenas uma cesta básica de alimentos.
29. Ver CEPAL, *Panorama Económico de América Latina*, 1998.
30. Ver CEPAL. Panorama Social de 1998.
31. Cf. OPS (1998:87).

32. OIT, Panorama Laboral 1996.
33. Cf. OPS (1998:88).
34. Não existe uma única definição do chamado setor informal. Aqui se adota o critério da OIT em Panorama Laboral, 1996.
35. Estimativas da OIT com base nas informações das pesquisas de domicílios e de outras fontes oficiais.
36. Cf. OPS (1998:88).
37. Cf. OPS (1998).
38. Idem.
39. Idem.
40. Idem.
41. *Macro International demographic and health surveys* 1990-1996. Calverton, Maryland: Macro International, 1990-1996.
42. Ver "Brasil: desigualdades sociais e pobreza nos anos 80 e início dos anos 90", in Soares (1999a:157-207).
43. Podemos citar o Índice de Desenvolvimento Humano (IDH), utilizado por órgão das Nações Unidas, o PNUD, que leva em consideração, além do PIB *per capita*, variáveis como a Escolaridade e a Esperança de vida ao nascer.
44. Ver Rocha (1996).
45. Essas diferentes definições e metodologias podem ser vistas em Lessa et alii (1997:78) e Soares (1999a:176).
46. Ver Rocha (1996). As expressões entre aspas citadas estão contidas no resumo inicial (sem número de página).
47. Estrutura de consumo feita antes da última Pesquisa de Orçamentos Familiares (POF) de 1996, que, apesar de atualizar a estrutura do sistema de índices de preços ao consumidor, limitou-se a seis regiões metropolitanas.
48. Cepal — Comissão Econômica para a América Latina, órgão das Nações Unidas que elabora, desde o início dos anos 80, uma série sistemática de estudos sobre a pobreza latino-americana.
49. Mesmo utilizando diferentes metodologias, em ambos os estudos de Sonia Rocha essa ampliação se verifica: no estudo de outubro de 1996, o que ela denomina de "hiato de renda" cresce de 0,3762 em 1986 para 0,4338 em 1995 (ver Tabela III, p. 6); e no trabalho publicado pelo Ipea de dezembro de 1996 (ver Tabela 5, p. 20) esse hiato aumenta entre setembro de 1990 (de 55,21%) e janeiro de 1996 (para 62,04%).
50. Pesquisa Mensal de Emprego (PME)/Instituto Brasileiro de Geografia e Estatística (IBGE), dezembro de 1999.
51. Idem.

52. Idem.
53. Cf. Lessa et alli (1997:72).
54. Ver PME/IBGE, dez. 1999, cit. A *taxa de desemprego aberto* é definida pelo IBGE como a relação entre o número de pessoas desocupadas (procurando formalmente trabalho) e o número de pessoas economicamente ativas num determinado período de referência (no caso, no último mês).
55. Cf. Lessa et alli (1997:73).
56. Ver PME/IBGE, dez. 1999, cit.
57. Jornal *Folha de S. Paulo*, 29 de fevereiro de 2000.
58. Idem, 2º Caderno, p. 1.

Capítulo V

59. Ver conceito de *política social* de Wanderley Guilherme dos Santos, em que "chama-se de política social a toda política que ordene escolhas trágicas segundo um princípio de justiça consistente e coerente", in Santos (1989:37).
60. Em premonitórias declarações no ano de 1990, um ministro argentino de Saúde e Ação Social, diante da possibilidade de uma "explosão social", afirmava: "O estado de sítio é uma medida preventiva, tal como o é a distribuição de alimentos". Ver Grassi; Hintze; Neufeld (1994:22).
61. Idem, ibidem.
62. Não é por acaso que os seguros de saúde privados não cobrem todos os riscos e doenças, restringindo-se àqueles de maior lucratividade.
63. Expressão utilizada por Bustelo (1991:222).
64. Esse falso conceito de gratuidade é disseminado, abandonando-se totalmente a noção de que o serviço público é financiado por toda a sociedade.
65. Ver, a esse respeito, Grassi; Hintze; Neufeld (1994:19).
66. Ver análise de ambos os programas em Soares (1999).
67. Ver análise dos Programas de Combate à Pobreza na América Latina em Soares (1999).
68. Ver Dain & Soares (1998:31-72).
69. Traduzida nos benefícios de amparo aos idosos com mais de setenta anos que possuem uma renda familiar *per capita* inferior a um quarto do salário mínimo vigente.
70. Ver, entre outros, Lessa et alii (1997:71-2).

Capítulo VI

71. Baseado em item constante do capítulo de Considerações Finais, em Soares (1999).
72. Ver Possas (1992:315-6).
73. Idem, p. 318.
74. Como a existente no Brasil entre Previdência, Saúde e Assistência, após o desmembramento do Ministério da Previdência e Assistência Social a partir de 1990.
75. Cabe lembrar aqui que o Orçamento da Seguridade Social no Brasil, instituído pela Constituição de 1988, nunca funcionou nesses moldes. A partilha de recursos deu-se, na prática, através de uma especialização de fontes, com prejuízo para os setores de Saúde e Assistência. Além disso, após a instituição dos "Fundos de Estabilização", os recursos da Seguridade vêm sendo "esterilizados" para outros fins, em prol da alegada "estabilização econômica". Ver, a esse respeito, os vários trabalhos da professora Sulamis Dain.
76. Ver, por exemplo, a experiência da prefeitura de Porto Alegre, no estado do Rio Grande do Sul, governada por duas gestões seguidas pelo Partido dos Trabalhadores (PT). Com a vitória do PT para o governo desse estado, a experiência do Orçamento Participativo se amplia no âmbito regional.
77. O problema da política social passaria a ser, portanto, o desafio de encontrar um princípio de justiça, coerente e consistente, cuja superioridade em relação a outros princípios pudesse ser demonstrada. No entanto, "qualquer princípio de justiça, simples ou complexo, produz resultados contrários ao que se deseja quando aplicado da mesma forma em qualquer circunstância". O autor procura demonstrar que não existem critérios que permitam produzir decisões automáticas que assegurem resolver simultaneamente dois problemas — por exemplo, a acumulação de capital e a eqüidade — e, conseqüentemente, que o critério de tomada de decisão não é lógico-científico nem derivado de comandos constitucionais. Se, em termos absolutos, acumulação e eqüidade se excluem como valores, significa que, em nível micro, qualquer proposta de maximizar a eqüidade sem prejuízo da acumulação em realidade propõe *mudanças relativas* no perfil de desigualdades existentes, sem aboli-las completamente. Dessa forma, ele conclui que "a realização do valor justiça social não pode ser garantida por nenhum critério automático e que, qualquer que seja a opção *ideológica* (chamemo-la assim) da qual se parta, quer a da maximização da acumulação, quer a da maximização da eqüidade,

o que se obtém, em qualquer caso, é a modificação *relativa* do perfil de desigualdades existentes" (Santos, 1989:37, 38 e 39). Ver conceito de *política social* do mesmo autor na nota 60.

78. Ver, entre outras conferências e trabalhos, "Experiências de políticas sociais no Brasil desenvolvidas na década dos 80", conferência proferida na Fundap/SP, em dezembro de 1988.

79. Ver Cepal (1990).
80. Idem, p. 15.
81. Ver Cepal (1992).
82. Ver Cepal (1992:82-84).
83. Ver Bustelo (1991:224-5).
84. Ver Braga & Médici (1993:2).
85. Ver Cano (1994:17-8).
86. Idem, p. 1.
87. Ver discussão sobre "Teoria social e análise de políticas públicas", do mesmo autor, em sua obra clássica *Cidadania e justiça: a política social na ordem brasileira* (Santos, 1987:12).
88. Ver Santos (1989:63).
89. Ver Sabato (2000:161).

BIBLIOGRAFIA

BRAGA, J. C. & MÉDICI, A. (1993). "Políticas sociais e dinâmica econômica". Texto para Discussão. São Paulo, IESP/FUNDAP.

BUSTELO, E. & ISUANI, E. A. (1990). "El ajuste en su laberinto. Fondos sociales y política social en América Latina", *Seminario de Fondos de Desarrollo Social*, Unicef/Prealc/OEA/Prud/Ilpes. Santiago, Grupo Esqual.

BUSTELO, E. (1991). "La producción del Estado de Malestar. Ajuste y Política Social en América Latina". *Rev. Salud Publica de México*, vol. 33, nº 3.

CANO, W. (1990). "Uma alternativa não neoliberal para a economia brasileira na década de 1990". In: *São Paulo no limiar do século XXI: perspectiva dos setores produtivos 1980-2000*. Campinas, IE/Unicamp.

_____. (1993). *Reflexões sobre o Brasil e a nova (des)ordem internacional*. 2ª ed., São Paulo, Ed. da Unicamp/FAPESP.

_____. (1994). "Brasil: crise e alternativas ao neoliberalismo". Texto apresentado ao Seminário MCT/PADCT, em dez./1994, Ilhéus/Bahia, pp. 17-8.

_____. (2000). *Soberania e política econômica na América Latina*. São Paulo, Editora UNESP.

CEPAL (1990). *Transformación productiva con equidad*. Santiago do Chile.

_____. (1992). *Equidad y Transformación Productiva: un enfoque integrado*. Santiago do Chile.

_____. (1993). *Panorama social de América Latina*. Santiago do Chile.

_____. (1994). *Panorama social de América Latina*. Santiago do Chile.

CEPAL (1998). *La descentralización de la educación y la salud. Um análisis comparativo de la experiencia latinoamericana*. Santiago do Chile.

CEPAL (1998a). *Panorama Social de América Latina*. Santiago de Chile.

_____. (1998b). *Panorama económico de América Latina*, Santiago de Chile.

CEPAL/ILPES (1998). *Reflexiones sobre el desarrollo y la responsabilidad del Estado*. Santiago do Chile.

DAIN, S. & SOARES, L. T. (1998). "Reforma do Estado e políticas públicas: relações intergovernamentais e descentralização desde 1988". In: *Reforma do Estado e políticas de emprego no Brasil*. Campinas, Unicamp/IE.

FIORI, J. L. (1984). *Conjuntura e ciclo na dinâmica de um Estado Periférico*. (Tese de Doutoramento, USP.) Rio de Janeiro, Ed. UERJ.

_____. (1990). "Cenários políticos brasileiros para a década de noventa". In: *São Paulo no limiar do século XXI: perspectiva dos setores produtivos 1980-2000*. Campinas, IE/Unicamp.

_____. (1992). "O paradoxo político da reforma liberal", Rev. *Lua Nova*, n. 25, São Paulo, Cedec.

GRASSI, E.; HINTZE, S. & NEUFELD, M. R. (1994). *Políticas sociales. Crisis y ajuste estructural*. Buenos Aires, Espacio Editorial.

LAGOS, R. (1986). *Efectos sociales de la crisis econômica*. Santiago do Chile, CEPAL.

LESSA, C.; SOARES, L. T.; SALM, C.; & DAIN, S. (1997). "Pobreza e política social: exclusão nos anos 90". *Praga*, nº 3, São Paulo, Hucitec.

OIT (1996). *Panorama Laboral 1996*.

OPS (1998a). *La situación de salud en las Américas*. Washington, OPS/OMS.

_____. (1998b). *Estadísticas de salud de las Américas*. Edición de 1998. Washington DC, OPS (Publicación Científica 567).

POSSAS, C. (1992). "La protección social en América Latina. Algunas reflexiones". In: TEIXEIRA, S. F. (org.). *Estado y políticas sociales en América Latina*. México, Universidad Autonoma Metropolitana/ENSP/Fiocruz.

ROCHA, S. (1996). "Crise, estabilização e pobreza. A evolução no período 1990 e 1995". Rio de Janeiro, mimeo.

SABATO, E. (2000). *Antes do fim*. São Paulo, Cia. das Letras.

SANTOS, W. G. (1987). *Cidadania e justiça: a política social na ordem brasileira*. 2ª ed. Rio de Janeiro, Campus.

_____. (1989). "A trágica condição da política social". In: *Política social e combate à pobreza*. 2ª ed. Rio de Janeiro, Jorge Zahar.

SOARES, L. T. (1999a). *Ajuste neoliberal e desajuste social na América Latina*. Rio de Janeiro, Ed. EEAN/UFRJ (1ª ed. 1998).

_____. (1999b). "A reforma da previdência social no Brasil". Relatório de Pesquisa. Mimeo, 61 pp.

TAVARES, M. C. (1991). "Economia e felicidade". *Novos Estudos CEBRAP*, nº 30.

_____. (1992). "Ajuste e reestruturação nos países centrais: a modernização conservadora". *Economia e Sociedade*, nº 1. Campinas, Instituto de Economia da Unicamp.

_____. (1993). *Las políticas de ajuste en Brasil: los limites de la resistencia*. Washington, BID.

TAVARES, M. C. & FIORI, J. L. (1993). *(Des)Ajuste global e modernização conservadora*. Rio de Janeiro, Paz e Terra.

TEIXEIRA, A. (1990a). "Do seguro à seguridade: a metamorfose inconclusa do sistema previdenciário brasileiro". UFRJ/IEI, Texto para Discussão, nº 249.

_____. (1990b). "Contribuição à crítica dos economistas apolíticos". In: *Aquarella do Brasil: ensaios políticos e econômicos sobre o governo Collor*. Rio de Janeiro, Rio Fundo Ed.

_____. (1993). *O ajuste impossível. Um estudo sobre a desestruturação da Ordem Econômica Mundial e seu impacto sobre o Brasil*. Tese de Doutoramento apresentada ao Instituto de Economia da Unicamp.

VIANNA, M. L. T. (1990). "Salve-se quem puder! (Reflexões sobre a Política Social no Projeto Collor". In: *Aquarella do Brasil: ensaios políticos e econômicos sobre o governo Collor*. Rio de Janeiro, Rio Fundo Ed.

LAURA TAVARES RIBEIRO SOARES é especialista em saúde pública e em planejamento de saúde. Doutora em economia do setor público na área de política social pela Universidade Estadual de Campinas (Unicamp), é professora adjunta da Universidade Federal do Rio de Janeiro (UFRJ). Também atua como assessora do Laboratório de Políticas Públicas da Universidade do Estado do Rio de Janeiro (UERJ). Publicou o livro *Ajuste neoliberal e desajuste social na América Latina* (Rio de Janeiro, Ed. EEAN/UFRJ, 1998) e participou das seguintes obras: *Políticas sociales para los pobres en América Latina*, México: Pornéia Editorial e Guri-Global Urban Research Initiative, Univ. de Toronto, 1999; e *Novos modelos de financiamento e gestão no Setor Saúde*, Rio de Janeiro, Ed. EEAN e NESC/UFRJ, 2000.